JN006010

失敗しない就職活動

あなたに合った就職先の見つけ方を教えます。

株式会社あとらす二十一
代表取締役
井上　恒郎

ダイヤモンド社

はじめに

社会に出たことのない学生が、やりたいことが見つからないのは当たり前

社会人になってから「最初の3年」で、あなたのビジネスライフは決まる――。

私は経営者として、これまでに多くの若者たちの成長を見守ってきましたが、間違いなくそう断言できます。

「三つ子の魂百まで」ということわざの通り、「最初の3年」で身につけたビジネスの習慣や仕事に対する姿勢は、この先何十年も消えません。

加えて、新入社員は吸収力が圧倒的に高く、どんどん仕事を覚えていきます。もし「最初の3年」で良いビジネスの習慣を身につけ、仕事をしっかりと覚えたならば、明るい未来があなたを待っているでしょう。

だからこそ「最初の3年」を過ごす就職先は慎重に選ばなければなりません。

ところが日本では「最初の3年」で、実に30％以上の人が転職しております。厚生労働省が令和2年に公表した「新規学卒就職者の離職状況」によると、平成31年における新規就職者の3年以内の離職率は、大卒者で31・2％、高卒者で36・9％、中卒者で55・0％です。

転職の理由は人によって様々です。しかし、誰しも「最初の3年」で会社を辞めることを前提に就職活動をしたわけではないでしょう。

ではなぜ多くの新卒者が就職3年以内に会社を辞めていってしまうのでしょうか。

それは「こんなはずじゃなかった」という入社後に感じる失望感が原因です。つまり入社する前に思い描いていたイメージと、入社後に実際に働いてみて肌で感じる現実のギャップが大きいということです。

そして**入社前のイメージと現実のギャップが生じてしまう理由は、ビジネス社会を経験したことがない学生が、自分一人で就職活動をしているから**に他ならないと、私は考えております。

そもそも「本当にやりたい仕事」のある学生はどれほどいるでしょうか。

建築・土木・薬学・デザインなどの専門的な学科を専攻した人や、教職、弁護士、会計士を目指している人は、ある程度進むべき道が見えているでしょう。しかし多くの学生は、「本当にやりたい仕事」など、皆目見当すらつかないはずです。なぜなら社会に出たことがないからです。

例えば、あなたが今まで一度も行ったことのない国に旅行するとしましょう。事前に何も調べないうちから「行きたい場所」や「食べたいもの」をパッと頭に浮かべることができるでしょうか。そんなことは絶対にできませんよね。

就職もまったく同じです。

あなたたちは「ビジネス社会」という見知らぬ地に足を踏み入れなくてはなりません。何の予備知識もないままに、やりたいことを見つけるのは不可能です。

中には「大学で専攻した学問を活かした就職先を探したい」と考えている人もいるでしょう。しかし大学のカリキュラムの多くは、世間の実態とかけ離れております。社会に出れば、授業の内容など、何の役にも立ちません。偏った知識や考え方があだになることもあります。

ほとんどの人は将来のことなど関係なしに、「高校卒業とともに大学へ行くのが当たり前」という世間の常識に流され、単に自分の偏差値に見合った大学と学部を選んだ――というのが実態でしょう。

そんな状況の学生たちが、一人で就職先を選べるでしょうか。

まず無理です。

現に私は経営者として大変多くの就職希望者と面接をしてきましたが、「この人は間違った就職活動をしているなぁ」と感じたことが多々あります。

人生を狂わせた人もたくさん見てきました。

一人でも多くの学生に就職活動を成功させて欲しい——という気持ちを強く抱き、本書を執筆することを決めたのです。

■自分一人で入社を決めるな

では、どのようにして就職活動をすればよいのでしょうか。

単純に言えば「自分に合った会社を探すこと」と「選考に通るよう対策すること」が大切です。このうち「選考に通るよう対策すること」については、就活本など、世の中に情報が溢れております。

しかし「自分に合った会社を探すこと」については、実際のビジネス社会に即した情報が少ないのが現実です。

そこで本書では、ビジネス社会の現実を踏まえつつ、あなたに合った会社の探し方を述べていきます。

ただし、あらかじめこれだけは言っておきます。

本書だけを頼りに会社を選んではいけません。

素直に親、先輩、大学の就職支援センターなどの大人を頼ってください。

多くの親が「やりたいことをやりなさい」と、子どもに就職活動を任せっぱなしにしておりま す。「親の役割は子どもが大学を卒業するまで」という考えが世の中にはびこっているからです。しかしそれは間違っていると、私は思います。

就職活動は人生の一大事なのです。すべて一人でやろうと思えば絶対に失敗します。

ビジネス社会に精通し、あなたのことをよく理解している人に助言をもらいながら、進めていくべきでしょう。

ではもらったアドバイスが自分の意見と食い違っていたら、どのようにしたらよいのでしょうか？

そのアドバイスの理由に納得したなら、従った方がよいと私は思います。

特にビジネスに精通している親からのアドバイスは的を射ていることが多いので、聞く耳を持たないで入社を決めると、入社してから後悔する可能性が高いと考えてください。

私の実体験をお話ししましょう。

私には４人の子どもがおり、彼らに対して「絶対に失敗して欲しくない」と強く願いながら、就職活動のアドバイスをしました。

まずは長女です。

彼女は小学生の頃からの優等生。コミュニケーション能力もあり、そのうえ学歴も高かった。誰の目にも「どんな会社でも就職できるだろう」と映ったに違いありません。本人もそのように自覚していたのでしょう。一流企業を中心にエントリーしていました。

しかし私は、「受かるわけないだろう」と予想しておりました。

現代ではだいぶ解消されましたが、当時の一流企業の多くはまだまだ「男社会」。すなわち就職の時点で「男女差別」が横行していた時代です。

成績優秀でそのうえガッツもある――負けん気の強い彼女は職場の和を乱しかねない。

昔ながらの価値観に重きを置く会社からは敬遠されるだろう、と考えていたわけです。

はたして長女はエントリーした会社のすべてに落選。そこで私は、一流企業でありながら積極的に時代を先取りしている某情報サービス会社を彼女に薦めました。

予想通り、彼女はその会社からの内定を勝ち取ることに成功し、ビジネスの第一線で大いに活躍しました。


次に長男。

彼は長女に比べれば学歴は低いものの、コミュニケーション能力が高く、ひょっとしたら一流企業に就職することも可能だろうと思われました。

しかし仮に一流企業に入ることができても、出世が頭打ちになるのは目に見えております。そこで私は、「大手は受けるな」と前置きしたうえで、将来有望な中堅企業15社を薦めました。

彼はその中の1社に入社を決めます。そして瞬く間に出世し、最年少で役員まで上りつめることに成功しました。また、その企業も私の予想通りに成長し、一部上場を果たしたのです。


次女は運悪く就職氷河期にぶつかってしまいました。

ことごとく選考に落ち、家に帰ってきては泣いている日々が続いておりました。

そんなある日、彼女は某エステ会社から内定をもらいます。

しかし彼女は長女と違って「バリバリ働きたい」という意欲が薄い性格の持ち主。当時のエステ業界はどこもかしこもノルマ至上主義でしたから、「彼女には絶対に合わないな」と確信し、「やめておけ」と助言しました。

しかし次女は内定を貰えた喜びに舞い上がってしまい、私の言うことに耳を貸そうともしません。

そこで私は、「それだったら会社に入る前にいっぺんエステの体験にいってきなさい」と言い、彼女も「それなら」ということで近くの店舗へ。帰宅した彼女の手には30万円分の回数券が握られていました。

「申込書にサインするまで帰してもらえなかった」と青い顔をしたままつぶやいた次女に対し、「自分でもあの仕事ができそうか?」と改めて問いかけると、彼女は翌日から就職活動を再開しておりました。

私のアドバイスに素直に従うようになった次女は、その助言通りに受けた会社の選考に通過し、無事就職することができたのです。

余談ですが、エステ店との30万円分の契約は一銭も払わずに破棄させました。

最後に三女です。

結論から言えば、彼女だけはうまくいきませんでした。

三女は建築学科で、ハウスメーカーを受けておりました。そこまでは何ら問題ありません。ところが彼女が入社を決めたのは新進気鋭の某ハウスメーカーの「営業職」。面接で大きな期待を寄せられたことで、その気になってしまったのでしょう。

当然私は反対しました。

しかし三女は「親父は何でもすべて決める。私は私の道を行く」と言って聞きません。それでも私は娘の将来を強く思い、喧嘩になってでも止めようとしましたが、結局彼女はその会社に入社してしまいます。

ところが、三女はあれだけ大見得を切ったものの、1年もたずに退職しました。

ノルマ達成の見込みが薄ければ休日出勤は当たり前。達成できなければ上司からけちょんけちょんに怒られる。しかも営業所長が社にいるあいだはとても帰れる雰囲気ではなく、終電の毎日……。

そんな労働環境に耐えきれずに辞めてしまったのです。

私はそうなると確信していたので反対したのですが、彼女を説得しきれなかったことが残念でなりません。

この話からも分かる通り、人は自分のことを正確に把握していません。

とくに就職活動中は「自分の強み」を意識することが多いでしょうから、「自分の弱点」や「不向きなこと」から目をそらしてしまいがちです。

また、選ぼうとしている会社に対しても「ポジティブなところ」ばかりに意識が集中し、「ネガティブなところ」に蓋をしてしまうのも仕方がないと思います。

ですから**入社する会社を選ぶうえでは、第三者からの冷静な視点が必要**なわけです。

以上を踏まえたうえで、本書を大いに活用していただきたいと思います。

なお、文中において企業規模や大学偏差値に関する記述が出てきますが、著者自身は企業規模や大学偏差値に、価値の差があるとは考えておりません。

株式会社あとらす二十一　代表取締役
井上　恒郎

「失敗しない就職活動」目次

第2章 実態を知らずして業界を選ぶな

第3章　自分に合った会社を選べ

第4章　入社後10年、20年を見越して会社を選べ

第1章

世の中は君が思い描くほど甘くはない

思い描いていた仕事像などあり得ない

みなさんは社会人になることに対して、どのようなイメージを持っているでしょうか。

学生時代の経験や学んできたことを活かして、バリバリ活躍している自分。

優しい上司、気のおけない先輩に囲まれ、ストレスのない職場環境。

残業やお付き合いの飲み会もなく、充実した私生活。

程度の差はあるにせよ、多くの人がこんな風に自分のビジネスライフを思い描いていることでしょう。

ところが現実はまったく異なります。

むしろあなたが思い描いたものとは真逆と言っても過言ではないくらいに厳しいものです。

そしてこのギャップが、新卒者の離職率を上げ続けている要因の一つだと、私は思います。

言ってみれば学生の思い描いているビジネスライフは「ぬるま湯」です。一方で現実のビジネス社会は「熱湯」なのです。ぬるいと思って浸かった風呂の湯が、想像以上に熱かったら、たまらず湯船から出てしまうでしょう。

就職も同じことです。

本書の通りに就職活動をすれば、きっとあなたに合った会社に入ることができると思います。しかし、あなたがどんな会社を選ぼうとも、厳しいビジネス社会に入っていく覚悟ができていなければ、結局のところ嫌になって辞めることになります。

その一方で、入る前から湯が熱いことを覚悟していたら、意外と我慢できると思いませんか？（それでも我慢できないほど熱ければ飛び出してしまうでしょうが……）

つまり、これからあなたが足を踏み出すビジネス社会がいかに厳しいところなのか、正しく予測していれば、実際に入社してからギャップに苦しむことがなくなるのです。

そこで就職先の選び方の前に、「ビジネス社会の６つの現実」について述べていきます。

まずは「仕事像」についてです。

図①　初職の離職理由

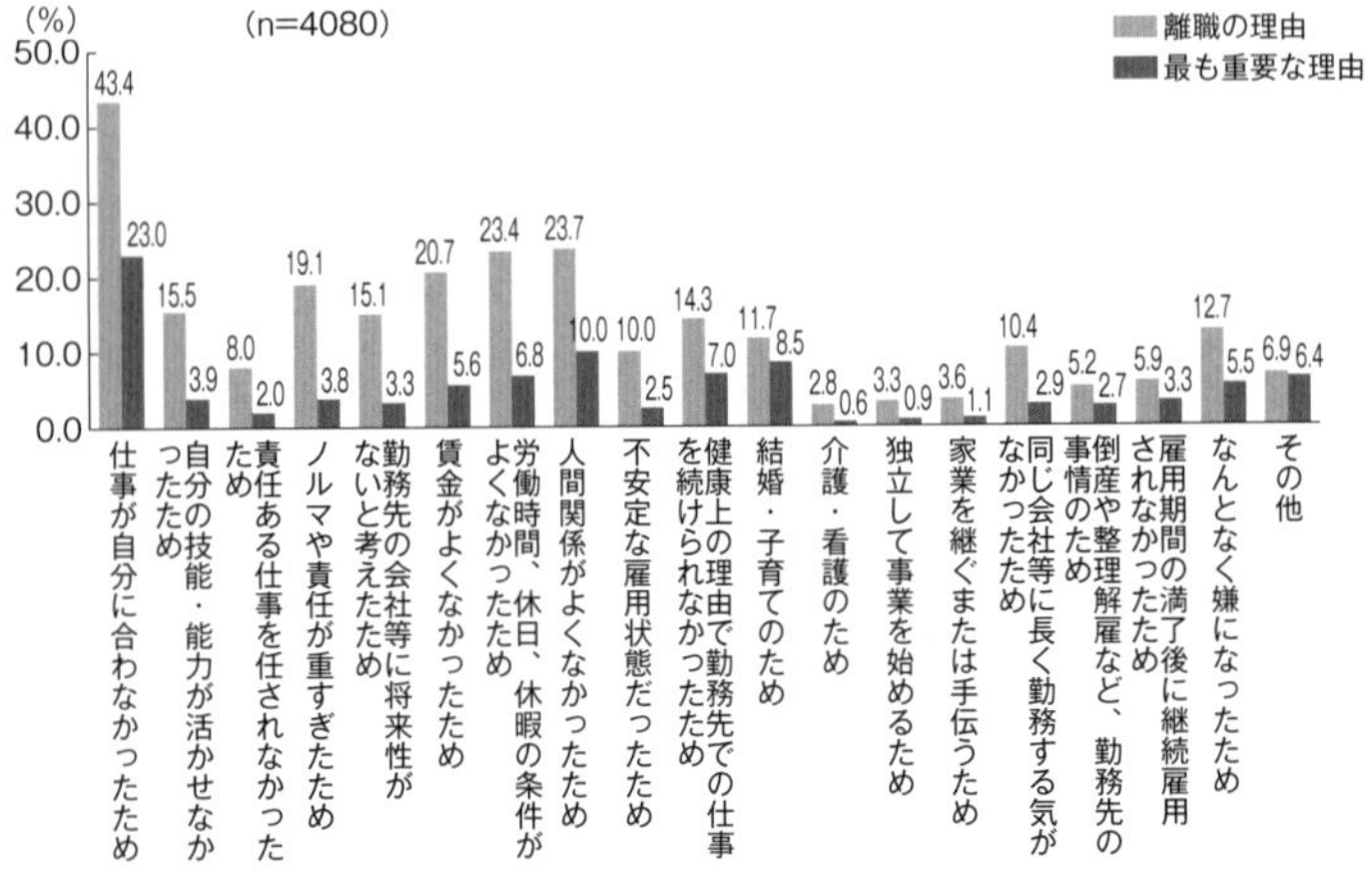

出典：「平成30年版　子供・若者白書」より

平成30年に内閣府が公表した「子供・若者白書」によれば、新卒者の離職理由のうち、もっとも多かったのが「仕事が自分に合わなかったため」で、実に全体の43・4％にもおよびます（図①）。この実態が示すのは、多くの学生が思い描いている仕事像と、現実の仕事の内容が大きく乖離《かいり》していることに他なりません。

たとえば「企画営業」を例にとってみましょう。就職活動中であれば、「顧客の課題やニーズに合わせて、自社のサービスを提案する営業」のことだと知っているかもしれませんね。その「企画営業」という職種に対して、あなたはどのような仕事像をイメージするでしょうか。

顧客やマーケットの調査をおこない、そ

こから導き出された最適な提案を、企画書に落とし込む。そしてその企画書を用いて、先方の役員たちを相手に身振り手振りを交えてプレゼンする――そんな華々しい姿を想像したことでしょう。

ところが現実はまったく異なります。そもそも企画と営業は別物で、営業が企画をすることなどまずありません。仮に営業が主体となって企画書の作成やプレゼンをする会社であっても、新人のうちからそれらの仕事を任されることはないでしょう。

なぜならマーケット、業界、ましてや自社の商品ラインナップすら知らない新人が企画などできるはずがないからです。

そのため、募集している職種が「企画営業」の場合、入社後に任される仕事は新規顧客の開拓――すなわちテレアポや飛び込み営業です。マーケットが限定されている会社であれば、決められた企業相手に商品やサービスを決められた手順に従って販売・営業するだけなので、業務の中心は顧客への定期訪問と伝票処理になります。

はっきり言っておきますが、**何のスキルもない新卒者が入社直後から華々しく活躍できる仕事など存在しません。**地味な仕事を何度も繰り返すことで、ようやく自社商品やマーケットのことを理解できるようになってくるのです。

あなたの考える「ワーク・ライフ・バランス」は絵空事

内閣府が定めた「仕事と生活の調和（ワーク・ライフ・バランス）憲章」では、次のように定められております。

「誰もがやりがいや充実感を感じながら働き、仕事上の責任を果たす一方で、子育て・介護の時間や、家庭、地域、自己啓発等にかかる個人の時間を持てる健康で豊かな生活ができるよう、今こそ、社会全体で仕事と生活の双方の調和の実現を希求していかなければならない」

以上のことからも分かる通り、本来「ワーク・ライフ・バランス」とは「仕事上の責任を果たす」ことを前提としたうえで、家庭やプライベートとの調和を目指すことです。

にもかかわらず、多くの人がマスコミや一部の評論家に踊らされ、「ワーク・ライフ・バランスと言えば、残業や休日出勤をなくしてプライベートを充実させるための施策」と、自分たちの都合の良いように勘違いしております。ところが現実はそう甘くありません。


始業は朝9時なのに、多くの社員が8時には出社している。

残業は夜の8時、9時は当たり前で、時には終電になることもある。

完全週休二日制にもかかわらず、休日出勤を余儀なくされる場合もある。


これらはすべて「平常運転」で、大半の会社で日常茶飯事におこなわれています。残業や休日出勤がまったくない会社は、厳しいビジネス社会では生き残っていけずに倒産することは火を見るよりも明らかだからです。

つまり**就職した以上は、仕事中心の生活となる事を覚悟しなくてはいけません。**そのうえで、私生活も充実させるにはどのようにしたらよいのかを考えるのです。

抵抗のある人もいるでしょう。でもちょっと考えてみてください。

学生が「学校の授業」や「部活動」を中心に生活するのは当たり前ですよね？

友達と遊ぶことやアルバイトを優先して、授業や部活を後回しにするような学生が良い成績を収めることができるでしょうか？

社会人の場合は、「学校の授業」や「部活動」が「仕事」になるだけです。ですから、社会人が何よりも「仕事」を優先するのは当然と言えます。

勘違いしないでいただきたいのは、私は「家庭やプライベートをないがしろにしなさい」と言っているわけではありません。

実際に私の経営する会社でも子育てをしながら働いている社員は多くおります。しかし社員が私生活だけを優先させて、仕事をなおざりにすることはありません。みな仕事と私生活の両方を充実させるために、懸命に知恵を絞り、様々な工夫をしています。そんな社員のことを、会社もいろいろな制度を設けてバックアップしているのです。このような姿こそ、真の「ワーク・ライフ・バランス」と言えるのではないでしょうか。

楽して稼げる仕事などない

あなたは「３Ｋ」と呼ばれる仕事を知っているでしょうか？

「きつい」「危険」「きたない」の３つの頭文字を取ったもので、一般的には労働環境の良くない仕事を意味しております。具体的な業種としては、「土木業」「建築業」「清掃業」「介護業」「看護業」といったブルーカラー（肉体労働）が挙げられます。

１９８０年代のバブル期あたりから「３Ｋ」という言葉が広がり、大卒者にとっては「避けた方がよい職種」とされ、就職活動では敬遠されてきました。ホワイトカラー（頭脳労働）の職種につけば、楽に稼ぐことができるというのが一般的で、未だにそのように考えている人も多いかもしれません。

しかし現代ではホワイトカラーでも厳しい労働環境の職場が増えており、「きつい」「厳しい」「帰れない・給料が安い」の頭文字を取って「新３Ｋ」とも呼ばれています。代表的な例としては「デスマーチ」と呼ばれるほど長時間労働が常態化している「システムエンジニア」が挙げられます。

長時間労働、厳しい人間関係、きついノルマ、安い給料――ビジネス社会に足を踏み入れた瞬間から、心が折れそうになることの連続です。しかしこれだけは覚えておいてください。**ブルーカラーだろうがホワイトカラーだろうが、楽して稼げる仕事など一つもありません。**

例えば「ＹｏｕＴｕｂｅｒ」。

小学生のなりたい職業アンケートでも上位にランクインするなど人気を集めていますが、実態は非常に過酷な職業です。

実際にやってみれば明白ですが、そもそもどんな動画をアップすればよいのか、そのアイデアすら一般の人では思い浮かべるのが難しいでしょう。もしアイデアがあっても、それを他人が観て「面白い」と思えるコンテンツにすることは、よほどのセンスがない限りできません。

仮にコンテンツが決まっても、動画の撮影、編集も相応の技術が必要です。

そして、もっとも難しいのは、アップした動画に視聴者を集めることです。ＹｏｕＴｕｂｅにチャンネルを作れば視聴者が勝手に集まると思ったら大間違いです。ＳＮＳやブログなどを活用し、あらゆる手段を尽くして宣伝しなくてはなりません。時には過激な発言でわざと炎上して注目を集める、という手法を使わなければならないかもしれません。ライバルはテレビなどでも見かける有名人です。何の知名度もない人の動画を、理由もなく観たいと思う人がいないのはごく自然なことです。

なおＹｏｕＴｕｂｅでは「チャンネル登録者数５００人以上」「過去12カ月の総再生時間が３０００時間以上」などの基準をクリアしない限り、収入を得ることはできません（２０２３年９月時点）。これだけでもかなり厳しいのは、直感的にも分かるでしょう。

最後に、ようやく視聴者が集まったとしても、みなが好意的にとらえてくれるわけではありません。むしろ細かい粗をつつかれて、きたない言葉で誹謗中傷のコメントをされるのが普通です。コメントを受け付けないＹｏｕＴｕｂｅｒは人気者になれませんので、アンチを受け入れる強靭な精神力が必要となります。

ここまでやって収入は10万回再生で数万円程度にしかなりません。

このように一見すると自由で楽しいと思われる職業でも、あなたの知らないところで多くの苦労を伴っているのです。

「若いうちの苦労は買ってでもしろ」と、古くから言われておりますが、まさにその通りだと私は思います。

逆に若いうちから楽を覚えたら、もう後戻りはできません。少しでも風が吹けばすぐ倒れてしまう高木《こうぼく》のように、プライドだけは一丁前に高いが、根が浅く、中身もスカスカでは、まったく使い物にならず、何をやっても成功することはないでしょう。

　もしあなたがビジネス社会で必要とされる人材になりたければ、**少なくとも入社後3年は、しっかりと根を張り、どんな逆境にも負けない太い幹を作る期間とすべき**です。だからいかなる厳しい環境であっても歯を食いしばり、周囲の雑音に惑わされずに職務をまっとうする覚悟を持ちましょう。

転職は転落の第一歩である

ビジネスとは日本語で「商い」です。読みは「あきない」ですが、それをもじって「飽きないこと」が大切だと、私は考えております。

安定した会社ほど、日々の仕事に大きな変化はありません。つまり毎日が同じことの繰り返しです。

自動車や機械などの製造業であれば、工場で部品を組み立てる毎日。法人営業の銀行員であれば午前中に担当企業を訪問して回り、午後は書類仕事。百貨店の販売員であれば、開店前に出勤して店内および店頭の掃除をし、開店後は来店したお客様への接客――情熱みなぎる若者にしてみれば、単純作業や雑用ばかりの日々にやりがいを感じないかもしれません。

しかし仕事とはそういうものなのです。ですから飽きずにコツコツと続けていくことが、何よりも大切です。

ところが多くの若者の間で「転職するのが当たり前」という考え方が蔓延しております。それは実に嘆かわしいことです。

総務省統計局の「労働力調査」によると、転職者数は２０１０年から２０１９年まで右肩上がりで増加し続け、２０１９年には過去最高の３５３万人を記録しました。２０２０年は新型コロナウイルス感染症の影響で、多くの企業の経済活動が滞ったこともあってか３２１万人、２０２１年は２９０万人となりましたが、２０２２年には３０３万人と再び上昇に転じております。

しかし**一つの仕事を長く続けることすらできない人間がキャリアアップできる転職先など、どこにも存在しません。**そして一度仕事から逃げると逃げ癖がつき、次の仕事も一人前になる前に辞めることになるのは目に見えております。まさに転職は転落のはじまり以外の何ものでもないのです。

就職は結婚と同じだと、私は考えます。

夫婦生活が長続きせず、何度も離婚と結婚を繰り返す人もいるでしょう。しかしそのような人たちに対して、あなたは「幸せそうだ」と感じることができますか？

結婚と離婚を繰り返す人は、相手を変えるたびに理想が高くなり、結婚直後は幸せを感じても、すぐに苦痛となって次の相手に走る傾向にあります。転職を繰り返す人も同じで、転職のたびに職場に多くを求め、少しでも自分の思い通りにいかないとすぐに次の会社を探し始めます。

しかしよく考えてみてください。前の職場でろくに大成しなかった人に対して、多くを与えようとする会社があるわけがないのです。

ではなぜ「転職するのが当たり前」という風潮が蔓延しているのでしょうか。

それはビジネス社会のことを知らない多くの若者が、転職支援会社に踊らされているからに他なりません。すなわち**「転職するのが当たり前」という文句は、転職支援会社が自分たちの商売のために作ったキャッチコピー**に過ぎないのです。

言うまでもなく、転職支援会社は多くの人が転職しなくては商売になりません。それはチョコ菓子が主力商品の製菓メーカーと重ねれば分かりやすいと思います。

もしあなたがその会社のマーケティング担当で、チョコ菓子をより多くの人に知ってもらう必要があったら何をしますか？

テレビＣＭ等で「チョコ菓子は美味しい」と宣伝したり、ＳＮＳやＷｅｂサイトで様々な情報発信をするでしょう。同じように、転職支援会社も自分たちの商売のために、様々なメディアを通じて「転職するのが当たり前」と宣伝しているだけです。

試しにＧｏｏｇｌｅで「転職　〇〇」と検索してみれば明白です。

「○○」の部分に転職に対してネガティブなキーワード（例えば「デメリット」や「しない方がいい」など）を入力しても、検索結果で上位に表示されるのは転職支援会社の作ったページです。それらのページを最後まで読み進めていくと、「転職を積極的にした方がよい」と締めくくられているのは言うまでもありません。

そういった情報を何度も目にすることで、無意識のうちに「転職するのが当たり前」と刷り込まれているというわけです。

そもそも日本のビジネス社会において、転職は当たり前ではありません。なぜなら多くの会社が「終身雇用」を取り入れているからです。とくに経営が安定した大企業ほどその傾向にあります。

転職支援会社や、彼らの息のかかった識者たちは「終身雇用は崩壊した」とか「日本の終身雇用は時代遅れ」と揶揄《やゆ》しておりますが、そんなものは真っ赤なウソです。

2018年に厚生労働省職業安定局が公表した「我が国の構造問題・雇用慣行等について」によると、大卒の生え抜き社員（大卒で入社してそのまま同じ企業で働き続ける社員）の割合は、大卒労働者全体の50％以上を占めております。また総務省統計局の「労働力調査」では、全労働者のうち転職者が占める割合はわずか4・8％（2020年）となっております。

図②　産業別生え抜き社員（正社員）割合の推移（大卒）

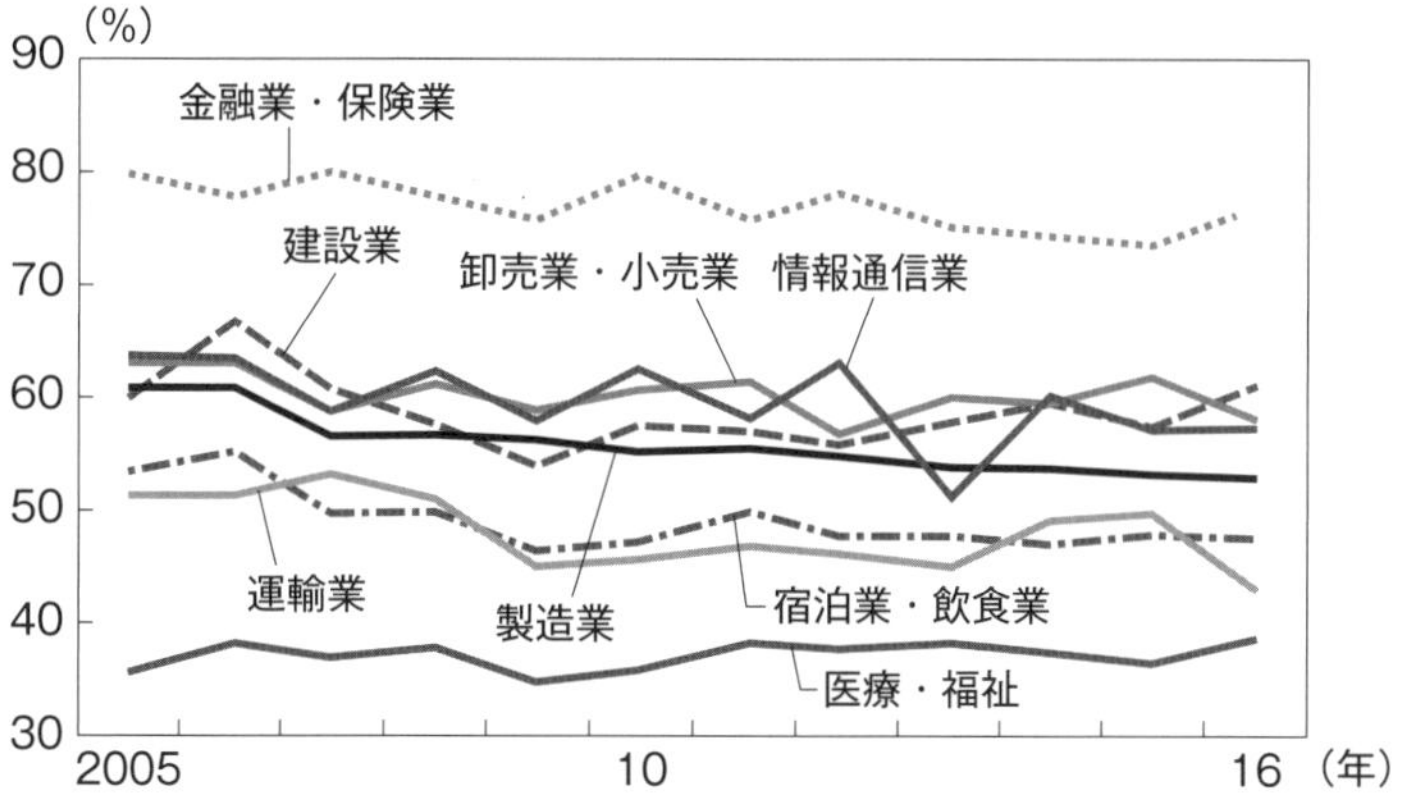

出典：厚生労働省職業安定局「我が国の構造問題・雇用慣行等について」より

つまり**多くの人が一つの会社に長く勤めているのが現実**であることが分かります。

さらに、厚生労働省職業安定局の調査では、生え抜き社員の割合が業界によって大きく異なっている実態も明らかにしております。

例えば「金融・保険」では全社員のうち、実に約80％が生え抜き社員です。逆に「医療・福祉」では生え抜き社員は40％程度しかいません（図②）。

裏を返せば**「転職者が選択できる業界や企業は限られている」**ということになります。すなわち、生え抜き社員の多い業界や企業は、社員の定着率が高いため、わざわざ転職者を募集する必要などないということ。逆に生え抜き社員の少ない業界や企業は、離職率が高く、常に人手が不足しているため、転職者を受け入れたがるというわけです。

なお、大卒の生え抜き社員の割合が50%を切っている業界は、先に挙げた「医療・福祉」の他に、「宿泊・飲食」「運輸」となっております。さらに長時間労働が常態化している「システム」や、厳しい成果主義が蔓延している「携帯ショップ」「不動産仲介・販売」「アパレル」といった業界も離職率が高い傾向にあります。それぞれの業界がどのような労働環境なのか、ちょっと調べればすぐに分かるでしょう。

簡単に言えば、**「働きやすい環境の業界や企業への転職は難しく、労働環境の良くない業界や企業ほど転職しやすい」**ということであり、自ら進んで転職をするというのは、自分の首を絞めているのと同じことなのです。

「病気やケガが理由で、これまでと同じ仕事を続けられなくなってしまった」とか「勤めている会社が倒産しそうで給料が何度も遅配している」など、やむを得ない事情を抱えた人に対し、転職を勧めることは何の違和感もありません。しかしビジネス社会のことを知らない無垢な若者に対し、さしたる理由もなく転職を煽《あお》ることは、若い夫婦に離婚を煽るのと同じくらいに無責任な行為だと思います。

だから転職支援会社の謳《うた》い文句に騙されてはいけません。彼らはあなたの人生に一切の責任を負ってくれませんから。

もっと言えば、**転職支援会社はあなたたちのことを「商品」としか考えていない**ことを知るべきです。それは彼らがどのような商売をしているかを知れば明白です。

まずは「有名企業があなたのことをスカウトしたがっている」とか「転職するなら今が最大のチャンス」など、根も葉もない話で若者たちをそそのかし、「求職者」として自社サイトに登録させます。その後、人材を募集している企業に対して求職者を紹介します。企業がその人材の採用に成功したら、採用した人の推定年収の20％～35％程度を報酬として企業から受け取る、という商売です。

ここまで説明すれば、転職支援会社にとって人材は「商品」であり、企業が「お客様」ということが分かるでしょう。そして多くの転職支援会社は売上至上主義であり、毎月どれくらいの人材を企業に紹介できたか、だけを追求しています。つまり**転職支援会社にしてみれば、若者の人生など、自分たちがノルマを達成するための道具でしかない**のです。

以上のことから、転職は当たり前ではないことがよく理解できたかと思います。「仕事や人間関係が嫌になったらすぐに転職すればいい」とか「もっと自分を評価してくれる会社があるはずだ」という甘い考えは捨てましょう。

どんな仕事であっても奥が深いものです。究めようとすればきりがありません。にもかかわらず、すぐに飽きてしまう人は工夫が足りず、進歩しません。結果として、何をやっても大成しない、中途半端な人間になってしまうのです。

公平な人事などあり得ない

社会人になったら、良い成績を収めて、誰よりも早く出世したい――そう考えている学生も多いことでしょう。

会社のホームページには「キャリアプランの例」が掲載されておりますから、それを見て「自分も同じように出世できそうだ」と胸を膨らませる学生もいるでしょう。

しかし会社のホームページに掲載された「キャリアプランの例」は「まやかし」です。単に学生のエントリー数を増やすことを目的とした、言わば「宣伝」にすぎません。書かれている通りに出世できるのは１００人に１人いるかいないかでしょう。だから絶対に鵜呑みにしてはいけません。

「自分の方が結果を出しているのに、同僚の方が先に出世した」
「高学歴だがたいして仕事のできない後輩が自分の上司になった」

程度の違いこそあれ、多くの会社員が人事評価に不満を持っております。

２０１８年におこなわれた日経ＢＰコンサルティング社のアンケート調査によると、人事評価に「不満がある」と答えたのは、全体（１５３２名）の62・３％にものぼったそうです。

また同調査によると、不満に思う具体的な理由でもっとも多かったのは、「評価基準が不明確」（62・８％）で、次いで「評価者の価値観や経験によって評価にばらつきが出て、不公平だと感じる」（45・２％）だそうです。このことからも「不公平感」が不満の温床になっているのは否めません。

しかしいくら不満を漏らそうとも、現実は何一つ変わりません。なぜなら**大手企業ほど出世は「出来レース」**だからです。つまり、出世できる人は最初から決まっています。もっと言えば、**あなたが出世できるかどうかはだいたい「学歴」で決まる**のです。

誰もがよく知るメガバンクを例にしましょう。

メガバンクの場合、新入社員の配属先は支店です。しかしどの支店に配属されたかで、その後の人生が決まる仕組みになっております。すなわち高学歴の新入社員ほど大都市圏の支店に配属される傾向にあるということです。

そして、規模の大きな支店に配属された人から本店へ異動――つまり出世していきます。

地方の小さな支店に配属された人については、そのまま地方の支店長になるのが関の山で、それ以上の出世はまず見込めません。下位校出身者であっても、運さえ良ければ本店へ異動できるチャンスは残っておりますが、それでも上位校出身者に比べると5年から10年は出遅れますので、出世できる役職には限界があります。

そして、メガバンクでは「ミスをしないこと」が何よりも重視されますので、ミスをすれば出世コースから容赦なく外されます。その場合、「出向」という形で関連子会社や取引先企業へ異動させられます。また本店勤務であっても出世の見込めない人については、ミスをしていなくても「出向」させて、出世をあきらめさせます。

当然のことながら、勤務地が本店か、支店か、はたまた出向先かで、待遇、労働環境、福利厚生も変わってきます。つまりワーク・ライフ・バランスも学歴次第ということになります（ただし同じ出向でも出向先が官公庁の場合は、役人とのコネづくりが目的ですので、出世コースのままとなります）。

最終的に役員になれるのは全体の1％程度と言われており、その約半数が東大・京大卒で、次いで早慶・一橋卒が続きます。その他の大学卒の役員は非常に稀だと考えてよいでしょう。２０２３年時点の某メガバンクの役員で最終学歴が確認できた13人のうち、東大・京大卒は７人、早慶・一橋卒が５人、その他卒が１人となっておりました。

私の友人の子息に、東大を卒業して某銀行に就職した人がおります。彼もご多分に漏れず新卒後は支店に配属されました。そして仕事と言えば、カバンを手に自転車に乗り、お年寄りのもとを「預金を作りませんか？」とたずねて回ること。

彼は「東大を出たのにこんな仕事を続けたくない」と思い、支店長に辞表を出しました。すると支店長の口から飛び出したのは、「もったいないな。何もしなくても役員までなれるのに」という言葉だったそうです。

この傾向は何もメガバンクに限ったことではありません。全国に支社や支店があるような巨大企業の多くは似たようなものです。つまり入社する前から、あなたが出世できるかどうかは決まっていて、**中堅以下の大学の出身者は一流企業の役員にはほぼなれません。**

出世だけではありません。入社直後の配属先やその後の異動先すら学歴で決まっております。たとえ販売成績が劣っていても上位校出身者は管理部門に異動となり、いかに成績が良くても中堅校出身者は販売営業部門に残されるというのはざらです。

中堅企業でも一流企業ほどではないにしろ、似たような偏りは確実に存在します。ですからはじめから公平な人事など期待しないことが正解と言えるのです。

どんな仕事でも一人前になるには1万回

本書の冒頭で、「社会に出たことのない学生が、本当にやりたいことが見つからないのは当たり前だ」と話しましたが、それは会社に入ってからでも同じことが言えます。たいていの若者は自分に与えられた仕事に対し、「これは本当に自分がやりたかったことなのか」という疑問を抱きながら働いております。今の仕事が好きで好きでたまらない、という人なんて稀です。1000人いたら1人いるかいないかでしょう。

しかしそれでいいのです。なぜなら仕事は一人前になってから、初めて面白みや奥深さが分かってくるものだからです。

そして**「どんな仕事でも一人前になるためには1万回繰り返しなさい」**と、私は新入社員のみなさんに教えております。そしてこのことは一番の教育の要として力を入れており、あらゆる仕事に対して「1万回」を早期に達成できるよう最大限のサポートをしております。

本当にそんなに繰り返さないといけないのか、と疑問を持つ人もいるでしょう。

しかし先の東京パラリンピックで金メダルを獲得した元車いすテニスの国枝慎吾《くにえだしんご》選手は、一つのショットを習得するために、最低３万回、そのショットを繰り返し練習するそうです。国枝選手はその練習法を「３万回のマッスルメモリー」と表現しております。すなわち同じ動作を３万回繰り返すことで、筋肉が自然とその動きを覚えて、何も考えなくてもショットが打てるようになるのだそうです。

どんな仕事でも同じことが言えます。**仕事は頭で覚えるものではありません。体で覚えて初めて一人前と言える**のです。

スーパーでレジを担当するパートさんを思い浮かべると分かりやすいかもしれませんね。何年も勤めているベテランの方になれば、目にも留まらぬスピードで商品のバーコードを読み取り、現金の受け渡しでもＱＲ決済などより短時間で、レジ待ちをする行列の解消がセルフレジよりよほど早い――これまでに何万回も接客したからこその業です。

しかしここで忘れてはならないのは、**「正しいやり方」で1万回やらなければ意味がない**ということです。

箸の持ち方に例えれば分かりやすいと思います。幼い頃に間違った持ち方を身につけてしまうと、大人になってから直すことは難しいですよね。いい歳をした大人に対して「あなたの箸の持ち方は変です」と指摘する人すらいないでしょう。

仕事も同じで、正しい仕事のやり方を身につけるにあたっては、新卒後の数年が勝負です。もし間違った仕事のやり方をしたまま30代になってしまったら、もう終わりです。正しい仕事のやり方を身につけるチャンスはなくなり、その分野で力を発揮することは一生できません。

つまり**新入社員の頃から「正しい仕事のやり方」ができるようになるまで、何度も指摘してくれる環境に身を置くことが大事**です。

行き過ぎた成果主義で、自分さえ良ければいいという風土の会社では、誰もあなたの仕事のことを見てくれません。社員数が少なすぎて教育体制が整っていない会社も同じことが言えます。だからこそ就職活動での会社選びはとても大切なのです。

以上が、どの仕事に就いたとしても共通して言えるビジネス社会の現実です。

・思い描いていた仕事像などあり得ない
・あなたの考える「ワーク・ライフ・バランス」は絵空事
・楽して稼げる仕事などない

・転職は転落の第一歩である
・公平な人事などあり得ない
・どんな仕事でも一人前になるには1万回

厳しいことばかりを申しあげましたが、これらは変えようのない事実であり、受け入れるしかありません。しかしこの6つさえ肝に銘じておけば、どんな会社に入っても、想像と現実のギャップに苦しむことなく、ビジネス社会に足を踏み出すことができるはずです。

第2章

実態を知らずして業界を選ぶな

好きな業界から選ぼうとするな

いよいよ本章から就職活動での会社の選び方について述べていきたいと思います。

中小企業庁によると2016年時点で日本には357万8000もの会社があります。そのうち中小企業基本法で定められた基準で「大企業」に分類される会社は1万1157社です。

まさしく星の数ほどある会社の中で、あなたに合う会社を探すのは、砂漠で一粒のダイヤを見つけるのと同じくらい難しいと思います。偏差値で受験先を決めることができる高校や大学と違い、会社には明確な指標がありませんから、余計に頭を悩ませるでしょう。

ではどのようにして自分に合った会社を見つければよいのでしょうか?

それはショッピングサイトで洋服を買うことに似ているかもしれません。

予算、サイズ、カラー、ブランド……様々な要素で絞り込んで、お気に入りの一着を見つけますよね。同じように会社も自分に合う条件で絞っていけばよいのです。

そして**会社を絞り込むにあたり、もっとも大切な条件は、飽きずに長く続けられる仕事かどうか**だと、私は考えております。

「何を当たり前なことを……」と眉をひそめるかもしれませんね。でも意外なことに、多くの学生はこの観点で会社を選んでおりません。

まずは「業界選び」です。

ここで絞り込み方を間違えると、会社選びに失敗します。

そこで、学生が陥りがちな「３つの間違った業界の選び方」から挙げていきたいと思います。

例えば、よく就活生にありがちな業界の志望動機に以下のようなものがあります。

「洋服が好きなのでアパレル業界で働きたい」
「金融業界に就職して日本の経済を動かしたい」

「最先端技術で世界をリードするＩＴ業界に入ってみたい」

彼らに共通しているのは、「好み」や「興味」で業界を選んでいることです。特定の業界にスポットを当てた漫画やドラマからも少なからず影響を受けているかもしれません。

しかし残念ながら、イメージ先行で業界を選ぶと失敗します。現実は漫画やドラマとはまったく違います。主人公のように華々しく大活躍するなんてあり得ませんし、ましてや新入社員のうちは想像以上に地味でしんどい仕事の連続です。

会社を選ぶにあたり、覚えておいてほしいのは、**「好きな業界であっても、自分に合う仕事でなければ続けることができない」**ということです。

先に挙げた「アパレル業界」を例に話してみましょう。

思春期の頃から慣れ親しんだブランドに携われる――これだけで就職希望者が多いこの業界。ＧＩＲＬＳＷＯＭＡＮの調査によると、アパレル業界の志望動機でもっとも多かったのは「洋服が好きだから」（41・８％）で、次に「好きなことを仕事にできるから」（27・３％）となっており、約７割が「好きだから」という理由で就職しているのが分かります。

そして大卒者ともなれば、本社勤務を夢見ている人が大半でしょう。

「ブランドの宣伝を担当したい」
「ファッションデザイナーやパタンナーとして商品を作る仕事がしたい」
「バイヤーとして世界中を飛び回りたい」
「マーチャンダイザーとして生産から販売まですべての工程を管理したい」

しかしこの業界では、思い描いていたキャリアプランを達成する前に、離職する人が後を絶たないのが現状です。

厚生労働省によると、アパレルを含む小売業の大卒3年未満での離職率は36・1％で、全業種の平均31・5％に比べるとかなり高い数値を記録しております。

ではなぜアパレル業界の離職率が高いのでしょうか。

それは「好き」だけではとうてい乗り切れない、過酷な労働環境が待ち受けているからです。

まず、総合職で採用されたとしても、いきなり本社勤務というのはあり得ません。ほとんどの新入社員は販売員として店舗に配属されます。

そこで待っているのは、厳しい販売ノルマです。

店長から「優秀な販売成績を上げることが本社勤務への近道だ」という謳い文句で奮起を促され、ノルマが達成できなければその理由を厳しく問いつめられます。

店長から叱られたくないため、必死になってノルマ達成を追うようになるでしょう。ノルマが達成できない月は自腹で商品を購入し、売上の穴埋めをします。中には給与を全て購入に費やす人もいるくらいです。

販売員として2～3年経験を積んだ後、大卒者であれば店長や副店長に抜擢されるのが一般的です。早ければ1年未満で店長になれるケースもあります。

ところが給料はいくら肩書がつこうともほとんど変わりません。なぜなら「管理職手当」が支給される代わりに「残業代」がつかなくなるためです。その一方で仕事量は一気に増えます。

アルバイトや部下のシフト管理、発注や返品処理、店舗のレイアウト、タイムセールなどの販促戦略の立案、SNSでの情報発信……すべて閉店後に残業しておこなわねばなりません。閉店時刻が夜の9時であれば、これらの業務を2時間おこなうだけで、終業時刻は夜の11時です。棚卸の時期やセール前後は商品の入れ替えも多いことから、とうてい2時間で終わりません。そのため終電を逃すこともあるでしょう。しかしタクシー代や宿泊代は自腹です。いわゆる「名ばかり管理職」が常態化しているのもこの業界の特徴と言えるでしょう。

どんなに体が疲れていても客の前に立てば笑顔で接客しなくてはいけません。クレームも少なくないでしょうし、アルバイトが突然いなくなり休日出勤を余儀なくされることもあります。土日や国民の祝日ほど忙しく、ゴールデンウィークに至っては長期の連勤が当たり前の世界です。

それもすべて本社勤務のため――しかしアパレル業界の厳しい現状を知れば、それは夢物語であるのがよく分かるでしょう。

総務省統計局によると、一般の家庭が1年で衣服にかける費用は、2020年度で前年に比べて19・2%も減少しており、もっとも高水準だった2000年と比較すると、およそ50%まで落ち込んでおります。ファッションの流行が「カジュアル化」「低価格化」しているることや、メルカリなどのフリマアプリの台頭で、古着を購入する若者が増えていることが影響しているのは明白です。

そして、衣類が売れなければ経営が危なくなるのは当然です。

帝国データバンクの調査によると、上場しているアパレル企業のうち、2020年度の売上高について、減収となった企業は80%以上にものぼり、減収の幅が前年比30%以上の企業も複数社あるくらいです。大企業ですらそれくらい厳しいのですから、中小ではなおさらなのは言うまでもありません。

このように不況の真っただ中にあるアパレル業界で、稼ぎ頭の販売員をわざわざ本社へ異動させるでしょうか。そんなことをすればますます売上が落ち込むだけです。

つまり**アパレル業界で「販売員として頑張れば、いつか本社へ異動できる」というのは、馬の鼻先にニンジンをぶら下げられているにすぎない**ということです。

そもそもアパレル業界で本社勤務をしているのは、全社員のうちごく一部です。いずれの仕事もかなり専門性が高いため、頻繁に人を入れ替えることはしません。

そのため本社勤務の欠員は滅多に出ませんし、仮に出たとしても、昨今の景気を鑑みれば、すぐに補充しないかもしれません。即戦力を求めて、社内から異動させて一から教えるのではなく、経験豊富な転職者を募るケースもあるでしょう。それに社内で公募することになっても、あなたが選ばれる保証はどこにもありません。一度本社勤務のチャンスを逃せば、次にチャンスが巡ってくるのは数年後になるかもしれません。

その一方で大手企業になるほど学歴が優先されることはアパレル業界でも変わりません。そのため、あなたよりも悪い成績しか残せない後輩社員が先に本社へ異動することも当然あり得ます。

実際に誰もが知る超大手アパレル企業の役員の学歴を見れば一目瞭然で、国公立ないしは上位校の出身者がずらりと並んでおります。彼らが優先されて本社に移ったのは考えるまでもありません。ですが「不公平だ」と文句を言っても無駄です。むしろ煙たがられて、ますます本社勤務が遠のくのは目に見えております。

つまり**アパレル業界で憧れの職に就くためには、販売員として激務をこなしながら優秀な成績をキープしたうえで、年に数枚あるかないかの本社勤務への切符を勝ち取る運の良さが必要**ということです。

これでよく理解できたかと思いますが、表面的には華やかな業界であっても、裏では大変な苦労が伴っております。そのため憧れが強すぎると、実際に入社してから知る実態とのギャップに苦しむのは明らかです。

ですから**就職先を選ぶにあたっては、「どんな業界が好きなのか」ではなく、「どんな仕事なら長続きするのか」をベースに検討した方が良い**ことを忘れないでください。

自己分析をもとに業界選びをするな

巷の就職活動の指南本には、たいていこう書かれております。

「自分に合った就職先を選ぶために、自己分析をしなさい」

しかしちょっと待ってください。

その自己分析は本当に役に立ちますか?

就職先を選ぶための自己分析ほど無意味なものはありません。と言うのも、多くの学生が自己分析で「自分の強み」だけを見出し、それを活かせる業界や企業を選ぼうとするからです。

もちろんその気持ちはよく分かります。ところがあなた自身が考えている「自分の強み」

が、実際の仕事に活かせるとは限りません。むしろ「自分にはこんな強みがあると面接で言ったのに、まったく活かしてくれないじゃないか！」という不満につながりかねないのです。

私の経営する会社の社員に、前職で某上場企業の英会話学校でエリアマネージャーとして働いていた者がおりますが、彼の体験を例に挙げてみましょう。

彼いわく、英会話学校を志望する人の多くが以下のように自己分析しているそうです。

「ＴＯＥＩＣ８００点以上を取ったこともあり、得意な英語を活かせる職場が向いている」
「留学の経験があり、語学を学ぶ大切さをよく知っている」
「家庭教師や塾講師のアルバイト経験があり、教育業界でその経験を活かせる」

しかし残念なことに、こういった強みが職場で発揮されることは一切ありません。

そもそも英会話学校の社員に英語力は不要なのだそうです。

なぜなら外国人講師をまとめているリーダーの講師が流暢《りゅうちょう》な日本語をしゃべることができるからです。日本語を話すことができない講師に対しては、そのリーダーを通じてコミュニケーションを取ればいいわけです。

なお例の社員は全く英語がしゃべれませんが、それでも何の支障もなく業務を遂行できていたそうです。

もっと言えば、日本人スタッフが外国人講師と業務上コミュニケーションを取ることは稀です。日本人スタッフにはカウンター営業や事務作業など膨大な仕事があります。外国人講師には授業があり、授業の合間も次の授業の準備などでせわしなく働いております。ですから出勤時の「ハロー」と、業務終了後の「オツカレサマ」（ここは日本語）といった挨拶しかかわさないこともあるくらいです。

また塾などの講師経験が活かせることもありません。塾や英会話学校の講師は「商品」であり、スタッフは「営業員」と、立場がはっきり異なっているからです。商品は丁重に扱われますが、営業員はノルマ達成のために馬車馬のように働かされるのがビジネス社会の常識であることを忘れてはいけません。

どんな商売においても最大のミッションは商品を売って売上を上げることです。英会話学校で言えば、日本人スタッフの最大のミッションは「一人でも多くの生徒を入学させること」になります。そのため**英会話学校において日本人スタッフに求められる能力は、外国人**

講師と英語でコミュニケーションする力ではなく、日本人客に対する営業力です。

パンフレットをもらいにきただけの客を、どうやって入学させるか。説明を聞いたものの入学を決められなかった客を、どうやってもう一度来校させるか。既に入学した生徒に、いかに高額なコースを契約してもらうか。

こうした売上に直結することのみを追求させられ、入社直後から「人を見たら金と思え」と叩きこまれたそうです。厳しいノルマを達成するために、朝までロールプレイをすることも珍しくなかったとのこと。もちろんタイムカードは閉店直後に打刻させるため、残業代はつきません。

また、顧客本位ではない強引な販売手法で高額なプランを契約させることが常態化していることから、顧客満足度は低く、クレームや解約も後を絶ちません。当然、解約になれば営業成績が下がりますので、必死に説得を試みなくてはなりません。時には説得のために何時間も費やしたり、契約者の家族へ電話して解約を考え直すよう促したりすることもあったそうです。

結局その会社は倒産したため、今では少し違っているかもしれませんが、仕事の内容や求められるスキルはどの英会話学校でも変わらないでしょう。得意の英語や塾の講師経験が活かせると思いますか？

なお、厚生労働省の「新規学卒就職者の離職状況」によると、英会話学校を含む教育・学習支援業の大卒3年未満での離職率は45・5％。過酷と言われるアパレル業界よりも高い数値となっております。

先に例として取り上げた上場企業では1年以内の離職率が80％を超えており、店舗運営の影響を鑑みて、新卒者の入社時期を4月、6月、9月、12月の4回に分けていたそうです。つまり採用活動の時点で「新入社員は数カ月で離職するのが当たり前」という前提だったということです。

このように就職活動時に自己分析をしてみても、自分の強みを活かせる職場に配属されるとは限りません。**会社を選ぶのはあなた自身ですが、あなたの仕事の内容を決めるのは入った会社である**ということです。

ですから就職先を絞るために自己分析をするのはやめましょう。**自己分析は履歴書や面接のネタ作りにとどめておくのが正解**です。

大学の専攻で業界は絞れない

私は新入社員の方々に対し、入社式で毎年こう申しあげております。

「残念ながら皆さん方が大学で学んだことは、当社では何も活かせません。大学で学んだことを活かそうとしたら、むしろ害になります。ですから学んだことを捨ててください。活かせるのは国語と算数だけです。それも小学6年生のレベルでかまいません」

突拍子もないことのように聞こえるかもしれませんね。しかしこのように考えている経営者は私だけではないのが現実です。

先日、テレビ番組で、日本電産（現・ニデック）の永守重信《ながもりしげのぶ》会長が「経営学部を出ても経営のことをまったく知らず、税金の仕組みすら分からない新卒の大学生が多い」「（大学を出たにもかかわらず）名刺の出し方も知らないという人が毎年大勢いる」と苦言を呈しておりました。

程度の違いこそあるにしても、多くの経営者たちが同じような思いを抱いているでしょう。

それを示すように、日本経済団体連合会が1376社に対しておこなった「2018年度新卒採用に関するアンケート調査」によると「企業が選考にあたって特に重視した点」で、「履修履歴・学業成績」は、全体のわずか4・4％でした。つまり**ほとんどの企業が新卒者に対して大学の専攻を業務に活かすことを期待していない**のが明白にうかがえます。

その一方で次のような学部と学科が就職に直結しているのは事実です。

・工学部……「建築学」「電気電子工学」「機械工学」「情報工学」「土木工学」
・医学部……「医学」「看護学」
・薬学部……「薬学」
・獣医学部…「獣医学」
・歯学部……「歯学」
・栄養学部…「管理栄養学」

ところが仮に専門性の高い分野を学んできたからといって、それらの知識を活かして、入社直後から第一線で活躍できると考えたら大間違いです。

たとえば建築学科で設計をメインに学んできた学生が、ゼネコンや設計事務所に就職しても、1年目から入社前に思い描いていたような仕事を任されることはありません。

先輩が作成したラフをCADで図面におこす、役所に届けるための書類の作成、現場の写真撮影、打ち合わせの資料作成、打ち合わせ当日は書記係……。

雑用や単純作業に追われる日々が続きます。残業も多く、土日出勤もあるでしょう。

どの業界、どの仕事でも同じですが、最初の3年は「修業期間」だと思って辛抱しなくてはなりません。

しんどくて辞めたくなることもあるでしょうが、雑用を繰り返していくうちに、ビジネスに必要なスキルを体が勝手に覚えていきます。精神的にも余裕が生まれてくるでしょう。そしてその頃になると、ようやく少しずつ雑用以外の仕事も任されるようになるのです。

ではなぜ大学で専攻したことが仕事で活かせないのでしょうか？

それは日本の大学は「専門的な学問を研究する機関」の意味合いが強いからです。そのため大学の講義がビジネス的な観点ではなく、学問的な観点に基づいておこなわれているのが実情です。つまりビジネス社会で必要な能力や知識を大学で身につけることは難しいと言わざるを得ないわけです。

このことは坂本藤良《さかもとふじよし》氏の例を知れば納得です。

東大経済学部を卒業した坂本氏は、慶應義塾大学の商学部の設立に参画した後、『経営学入門』などの経営学に関する様々な書籍を刊行し、「経営学の神様」と呼ばれるようになります。そうして家業である製薬会社の経営の立て直しに着手します。しかしそれが大失敗に終わり、世間からの厳しい批判にさらされてしまったのです。

いかに学問とビジネスの現実がかけ離れているか、よく分かるでしょう。


こういった日本の大学教育を危惧《きぐ》する企業のエグゼクティブも少なくありません。

先に挙げた永守氏は、京都先端科学大学の理事長に就任するやいなや、私財１００億円を投じて自ら大学教育の改革に乗り出しております。同大学では永守氏主導のもと、２０２２年に経営学研究科経営管理専攻（ＭＢＡ）も設置されました。

その他にも、三菱商事で副社長を務めていた宮内孝久《みやうちたかひさ》氏が神田外語大学に、ライフネット生命保険を創業した出口治明《でぐちはるあき》氏が立命館アジア太平洋大学に、それぞれ学長として就任しております。

さらにトヨタ自動車、ＫＡＤＯＫＡＷＡ、ソニー、島津製作所、マルハニチロなど様々な企業が大学や高校などを開校し、自分たちのビジネスに直結するスキルを教育しているケースもあります。

このように少しずつではありますが、民間企業が大学教育に介入することで、ビジネス社会で通用するスキルや知識を身につけさせる風潮は広がりつつあるのです。

その一方で、大学で学んだことがビジネス社会で通用しない理由は、学生側にもあります。

２０２１年にベネッセ教育総合研究所がおこなった「第４回大学生の学習・生活実態調査」によれば**大学の授業を選ぶ際に63・3％の学生が「あまり興味がなくても単位を簡単に取れる授業が良い」と考えている**実態を明らかにしております。

また1週間で過ごす時間についても「大学の授業」「授業の予習・復習・課題をおこなう」の合計が12・03時間なのに対し、「友達と遊ぶ」「サークル活動」「アルバイト」が12・33時間、「インターネットやSNS」「テレビやDVDなどの視聴」が11・42時間となっております。

つまり大学の勉強以外のことをして過ごす時間の方が圧倒的に長いことも事実でしょう。

日本の大学は「入るのは難しいが、卒業するのは簡単」と言われております。多くの学生たちがその状況に甘え、勉強以外のことに情熱を注いでいるのですから、大学で学んだことが仕事で活かせなくて当たり前なのです。

もちろん、真面目に将来のことを考えて、ビジネス社会で使える知識や能力を身につけようと必死に勉強している学生もいると思います。しかしそのような人はごく一部だと断言できます。なぜなら、これまで嫌々テスト勉強をさせられてきた18、19歳の若者が、将来を見据えた勉強を自主的にできるわけがないからです。

余談になってしまいますが、こういった実態は学生本人の問題ではなく、ちゃんとしつけをしない大人の責任です。

「大学生になればあとは本人にお任せ」といった、自由と放任をはき違えている親。

「テストで好成績を取れれば、出席数が少なくても単位を与える」とか「課題を出させるのが目的で中身をチェックしない」といった、学生に甘い大学教員。

学生を導く大人の意識が変わらない限り、いくら大学の教育が変わっても何の変化も期待できません。

いずれにしても現状では大学で学んだことがビジネス社会で役立つことはありません。

その前提に立ったうえで、就職先を選ばなくてはならないのです。

以上が学生の陥りがちな**「3つの間違った業界の選び方」**です。おさらいをすると次のようになります。

・好きな業界から選ぼうとする
・自己分析をもとに業界選びをする
・大学の専攻で就職先を絞る

ではどのようにして業界を選べばよいのでしょうか。

端的に申しますと、**「長続きできそうな仕事に就ける業界」を選ぶこと**が大切で、そのための手順は次の通りとなります。

①　業界ごとの仕事の内容を把握する
②　どんな仕事なら長続きできそうかを考える

では順を追って、実際の絞り込み方を説明していきます。

説明会やOB訪問で、業界の実態はつかめない

まずは「業界ごとの仕事の内容を把握する」となります。そのために「業界の実態を知ること」から始めなくてはなりません。

では業界の実態を知るためには、何をしたらよいのでしょうか。

「会社説明会へ行きなさい」
「OB訪問をしなさい」

大学のキャリア支援センターの職員の方々はそうアドバイスするでしょう。

しかし会社説明会やOB訪問で業界の実態を理解できると考えていたなら、大いに間違っています。もっと言えば、それこそが「入社前のイメージと現実のギャップ」を生み出す根本原因なのです。

ちょうど大学の運動部員が新入生を勧誘するのに似ています。

入学式後、緊張の面持ちでセレモニーホールから出てきた新入生たちを、「入学おめでとう！」という大きな掛け声とともに、ユニフォーム姿の運動部員たちが、派手なパフォーマンスで出迎える――そんな光景を目にしたことがあると思います。

右も左も分からない新入生にしてみれば、悪くない気分に違いありません。

そして運動部員たちは半ば強引に新入生歓迎コンパに連れ出し、ひびきのよいことを言って入部を促します。

会社説明会やOB訪問は、運動部による新入生歓迎コンパとイコールです。

当たり障りのないことしか言いませんし、ましてや会社のネガティブな部分をさらけ出すことなど絶対にしません。

しかし、いくら新入生歓迎コンパで良い気分にさせてもらったとして、運動部に入部する人はどれくらいいるでしょうか？

ほとんどいないと思います。

なぜでしょう？

理由は単純で、運動部に入った後のイメージが正しくできているからです。

厳しい練習やきつい上下関係――入学前から入部を意識していれば別ですが、たいていの人はわざわざ大学に入ってからも部活なんてしたくないと思うでしょう。

そんな経験があるにもかかわらず、会社説明会やＯＢ訪問で受けた説明を信じ込んでしまうのですから、不思議なものです。

また、リクルーターと呼ばれる、人事ではない若手社員との面談も同様です。

そもそも**企業がリクルーターを置く理由は、学生の会社に対する志望意欲を増進させることで、エントリー数の増加や内定辞退率の低下を図るため**です。

そのためリクルーターは人事から「学生からよく聞かれる質問に対しての回答方法」や「会社の説明方法」といった対応マニュアルの研修を受けております。間違っても会社のネガティブな部分を漏らすことはありません。

よってリクルーター面談であっても、業界の実態を正しく知ることはできないと考えるのが無難です。

多くの人が会社説明会やＯＢ訪問での説明を鵜呑みにしてしまっている現実は、２０２１

年にOpenWorkという社員口コミサイトに投稿された1万3042件の口コミを分析したところ、**「新入社員の入社後のギャップ」の第1位が「仕事内容や配属について」（53・2％）だった**という結果からも明らかです。

ではどのようなギャップを感じるのでしょうか。ここでは「飲料メーカー」を例にあげて説明しましょう。

どの企業の説明会でも同じですが、会社のビジョンや社会的存在意義の説明に次いで、「花形」となる業務の紹介があります。飲料業界に限らず、メーカー企業では商品開発です。とくに海洋プラスチックごみの問題が顕在化している現代においては、環境に優しいパッケージ開発の取り組みも紹介されるかもしれませんね。

一部の大手飲料メーカーの会社説明会の動画が、YouTubeで公開されていますので、確認してみるといいでしょう。

飲料メーカーの会社説明を受けた多くの学生が「自分もこの会社で商品開発やマーケティングの仕事をしてみたい」となるのは当然だろうと思います。

ところが**どの飲料メーカーに就職しても、いきなり商品開発部に配属されることはあり得**

ないと考えてください。なぜなら**男女関係なく総合職採用であれば「ルート営業」に配属されるのが一般的**だからです。

「ルート営業」とは、あらかじめ決められた道順に沿って街中を移動して既存客を回るのが特徴です。そして飲料メーカーにおける「ルート営業」は大きく分けて「小売店」「飲食店」「自動販売機」の3種類になります。それぞれの具体的な仕事の内容は【参考：飲料メーカーの営業】にまとめましたので、興味のある方は読んでみてください。

いずれにしても外回りで体力勝負の仕事となります。

多くの新卒者が入社前にイメージするようなオフィスワークではありません。

このように会社説明会で受けた印象と、入社後におこなう仕事の内容は大きくかけ離れております。今回は飲料メーカーを例に挙げましたが、個人向け商品を開発しているメーカーならば、どこも大きな差はありません。

大学を出たからには、体を酷使するような仕事に就きたくない——そう思う学生も多いと思います。

しかしよく考えてみてください。

自社商品のラインナップすら正確に把握していない新人が、商品開発部に配属されて何か役に立つと思えますか？　むしろ周囲の足を引っ張るだけですよね。

ですから、**もっとも体力と吸収力のある新入社員のうちに営業現場に配属することで、季節ごとの売れ筋、商品開発のサイクル、流通の仕組み、販売している人や手に取っていただく消費者の特徴など、自社のビジネスに関する多くのことを、頭ではなく体に叩き込ませます。**

そして、企業は新入社員に対し、営業現場で得た知識や経験を、マーケティングや商品開発といった本社業務に活かしてもらうことを期待しているのです。

では業界ごとの実態を正確に知るにはどのようにしたらよいのでしょうか？

それは、**その業界で働いている人から話を聞くのが一番**です。父親はもちろんのこと、仲の良い先輩や、親戚など、使える伝手を総動員して情報収集しましょう。そして話を聞く際には、良いところだけではなく、悪いところも言ってもらうようにするのがポイントです。**光が当たっている部分だけでなく、陰になっている部分も知ることで、現実を正しくイメージできるようになる**のです。

■参考：飲料メーカーの営業

▼小売店営業

小売店営業とは、スーパーやコンビニなどを回り、自社の商品を目立つ場所に陳列してもらえるよう交渉する営業のことです。

新米の営業員が真っ先におこなうのは「品出し」です。

「品出し」とは、商品を店頭に補充すること。1個あたり10キロ程度のケースを、多い日には100ケース以上動かすこともあるそうです。

重労働ですが「品出し」をしてもらえると店舗側としては非常に助かりますので、営業員が手っ取り早く店長と信頼関係を築くにはうってつけの仕事です。

何回か「品出し」をして、店長に顔と名前を覚えてもらったところで、本格的な営業活動がはじまります。すなわち、ライバル会社の商品を押しのけて、良い場所に自社商品を陳列してもらえるように交渉していくのです。

この頃になると売上のノルマが課せられますので、店舗を回って必死に売上拡大を図っていくことになります。

新商品が発売された際には、試飲会のため、土日に出勤して大型スーパーへ出向くこともあるでしょう。飲料がもっとも売れる夏場では、汗だくになりながら、何度も倉庫と店舗を往復しなくてはいけないかもしれません。
まさに体力勝負の仕事と言えます。

▼飲食店営業

こちらは小売店営業と違ってケースを運んで商品を陳列するような力仕事はありません。ビールサーバーの点検、新商品の売り込み、新メニューの提案などが主な仕事です。

ここまでなら小売店への営業よりもだいぶ楽なように見えるかもしれません。ところがお酒を出す飲食店の営業は18時以降の夜からが勝負。「見回り」と称して、店舗に足を運び、会社の経費を使って自社商品を飲む必要があるのです。

小売店の店長が「品出し」をしてくれた営業員のことを覚えてくれるのと同じように、飲食店の店長は「見回り」でよく飲んでくれた営業員の顔と名前を覚えます。

こうして店長と良好な人間関係を作ることによって、自社商品の取り扱いを増やしてもらいやすくするわけです。

お酒に強くないと務まりにくいのは言うまでもないでしょう。

▼自動販売機

自動販売機の営業には「補充」と「設置」の２種類があります。

「補充」では、自動販売機を1日に20〜30カ所回り、商品を補充していきます。なんと1日あたりの補充数は3000本にもおよぶそうです。さらに空き缶回収やゴミ箱の清掃もしなくてはいけません。

補充がメインの業務であっても、職種は「営業」。ですから売上ノルマが課せられます。売れ筋や新商品に入れ替えをおこなったり、「あたたかい」「冷たい」のバランスを調整するなどして、自動販売機からの売上を伸ばすことが求められるのです。

次に「設置」です。すなわち自動販売機の設置を増やすために、ビルのオーナーや地主と交渉する営業です。

飲料メーカー各社とも、この営業にかなり力を入れております。**なぜなら飲料メーカーの収益の柱は自動販売機による販売だから**です。

小売店には定価ではなく卸値で販売しなくてはいけません。とくに昨今は定価の半額に近い価格で消費者へ販売している店舗も多いことから、ギリギリまで安く買いたたかれます。一方で自動販売機の場合は、定価で販売することができるうえに、売上の40％程度をメーカーの取り分にできるので、利益率が圧倒的に高いのです。

実際に某大手企業では飲料事業の粗利の40％以上を自動販売機で稼いでおります。

新型コロナウイルス感染症の影響で人足が絶えたことやドラッグストアなどの量販店が格安で販売しはじめたこともあって、自動販売機による売上は落ち込み、設置台数も減少しました。しかしそのような状況にもかかわらず、今でも残っている自動販売機は、「売れる」からです。ですから**飲料メーカー各社とも設置済みの自動販売機を自社専用のものに入れ替えるための営業に攻勢をかけている**わけです。

こちらの営業スタイルは基本的にアポなしの飛び込み営業で、他社よりも良い利率の提示や最新の自動販売機による電気代の抑制などをアピールします。自動販売機に商品を詰め込む作業はありませんが、１日に何件も回らなくてはいけないため、体力勝負なのは変わりないでしょう。

一つの業界でも様々な業態があることを忘れるな

業界ごとの仕事の内容を把握するためには、業界の実態を知る他に、もう一つ大切なことがあります。

それは「業界ごとの業態を知ること」です。

なぜなら**「○○業界」とひとくくりにされていても、様々な業態があり、仕事の内容がまったく異なるから**です。

「陸上競技」を思い浮かべると分かりやすいでしょう。

短距離走、中距離走、ハードル、リレー、走り高跳び、棒高跳び、走り幅跳び、三段跳び、砲丸投げ、槍投げ、ハンマー投げ……ひとくちに「陸上競技」と言っても、様々な種目があり、それぞれで求められる能力は異なりますよね。

ビジネス社会でもまったく同じことが言えるのです。

ここでは「不動産業界」を例に挙げてみましょう。
「不動産業界」には以下のような業態が存在します。

・不動産デベロッパー
・ハウスメーカー
・ビルダー
・ゼネコン
・サブコン
・工務店
・設計事務所
・不動産仲介業者
・不動産管理業者

それぞれの詳細は【参考：不動産業界の業態】にまとめましたので、この業界に興味のある人は確認しておきましょう。

このように「不動産業界」と言っても、様々な業態が存在しております。当然、業態によって商売相手も違えば、商材も違います。商売相手や商材が違えば、ビジネスの仕方も変わるのは当然です。

そのため**自分に合っていそうな業界であっても、業態選びを失敗すると長続きできず、結局はミスマッチを起こしてしまうのです。**

■参考：不動産業界の業態

▼不動産デベロッパー

自治体とともに実施する都市開発、リゾート開発、高層ビル建設など、大規模な開発を手掛けます。

「用地の仕入れ営業」「開発計画の作成」「完成した物件の販売」「物件の管理」と、事業は多岐にわたりますが、「建築」についてはゼネコンなどの建設会社に依頼します。

▼ハウスメーカー

個人向けの住宅を開発します。開発規模は不動産デベロッパーよりも小さいのが一般的ですが、大手ハウスメーカーでは高層マンションと商業施設の複合施設などの大規模な開発を手掛ける場合もあります。

また「用地の仕入れ営業」「開発計画の作成」「完成した物件の販売」「物件の管理」だけではなく、「建築」や「賃貸物件の仲介」もおこないます。つまりハウスメーカーでは不動産に関するあらゆる業務を一気通貫でおこなっているのが特徴的です。

▼ビルダー

ハウスメーカーと同じように個人向けの住宅を開発しますが、低価格の分譲建売住宅のみを取り扱うのがビルダーの特徴です。中にはスーパービルダーと呼ばれる年間数千棟も販売する会社もあります。

事業はハウスメーカーとほぼ同じですが、建てた物件はすべて販売目的のため、「賃貸物件の仲介」はおこないません。

▼ゼネコン

「建築」については、「設計」「工事」「施工管理」の3つがあり、このうち「設計」と「施工管理」をおこなっているのがゼネコンです。「工事」を請け負う業者への発注もおこないます。不動産デベロッパーから依頼された大規模な開発を手掛けるのが特徴です。

▼サブコン

「工事」を請け負う会社のことです。工事には「基礎工事」、「電気工事」、「空調工事」、「衛生工事」など、専門的な技術を必要とする様々な種類があり、企業ごとに請け負える工事が異なります。

▼工務店

ゼネコンよりも規模の小さい個人向けの住宅の建築をおこないます。地元に根付いた会社が多く、工事の発注先も地元の業者となります。

▼設計事務所

「建築」の中でも「設計」のみを事業とした会社のことです。「設計」は、建物の見た目や空間をデザインする「意匠設計」、土台や柱などの骨組みを設計する「構造設計」、上下水道の配管や電線などのインフラを設計する「設備設計」と分かれており、それぞれの設計事務所によって得意とする業務が異なります。

▼不動産仲介業者

不動産デベロッパーやハウスメーカーが建築した物件の売買および賃貸を仲介します。一般的には「不動産屋」と呼ばれておりますので、馴染み深いでしょう。
全国規模の物件を手掛ける大手企業から、地元に密着した零細企業まで、企業の規模が非常に幅広いのが特徴です。また個人向けではなく、法人向けのオフィス賃貸を専門に仲介している会社もあります。

▼不動産管理業者

不動産管理については、マンションやアパートで暮らしたことのある人であれば非常に身近かもしれませんね。いわゆる「管理人さん」です。建物周辺の清掃や警備、共有部分の管理や修繕手配、さらに賃料や管理費などの集金業務などをおこないます。

この他にも、リフォームをおこなう「リフォーム会社」、業界におけるデジタル化の推進を担う「不動産テック会社」などもあります。

「稼ぐ部門」を知れ

最近では、新卒者の配属先が運次第であることを、ソーシャルゲームのガチャに例えて「配属ガチャ」と言い、自分の希望通りの部署に配属されなければ「配属ガチャに負けたから仕事を辞めたい」と嘆く人もいるようですね。

「配属ガチャ」で泣かないようにするために、就職活動でどんなことに気をつければよいのでしょうか。

気をつけるも何も運次第でしょ、と感じる人も多いでしょう。

もちろん配属先の人間関係も運の要素が大きいと言えます。

しかし、会社の組織を知れば、新入社員の配属される部門はおのずと分かります。なぜなら、たいていの**新入社員は「モノやサービスを売って利益を上げること」のできる部門に配属されるから**です。

では実際にどのような部門に配属されるのでしょうか。「製造業」を例にとってみましょう。「製造業」には主に次のような部門があります。

・製造／製品開発・生産技術・生産管理・製造・品質保証・調達
・販売／営業
・管理／人事・総務・経理・広報・法務・知財・経営企画・情報システム

各部門の具体的な仕事については【参考：製造業の部門】としてまとめましたので、興味のある方は確認してみてください。

ではこれらのうち、「稼ぐ部門」はどれにあたるでしょうか？

答えは「生産管理」と「営業」です。

・生産の無駄を徹底的に排除し、利益を生み出す……生産管理
・販売先の開拓や既存顧客からの注文対応で、売上を作る……営業

つまり製造業において、**総合職で採用された新入社員の配属先は「製造部門」と「販売部**

門」のいずれかとなります。

このように「新入社員の配属先＝稼ぐ部門」と考えて間違いありません。ですから業界ごとにどのような部門があるか、調べることが大切なのです。

「稼ぐ部門」は業界や業態によって異なりますが、どの企業でも共通しているのは「営業」と「販売」です。そのためおのずと営業・販売の部門に配属される割合が高くなるのは、考えるまでもないでしょう。ちなみに世間一般には**文系大卒者の70％は民間企業の営業職に配属される**と言われております。

■参考：製造業の部門

▼製品開発

新技術を応用し、これまで世の中になかったまったく新しい製品を創造します。具体的には、製品に関係する技術の研究からはじまり、マーケティング調査、新製品の企画および設計までを担います。製造業では花形と言える部門です。

▼生産技術

製品開発部門で設計された製品を、高品質で、より早く、より安く生産するための方法を考える部門です。

生産ラインの設計、機械の選定、治具の設計、機械の設置、稼働テスト、生産ラインの見直しといった製造にかかわることから、ＡＩやＩｏＴの活用などの最新技術の取り入れの検討といった研究までおこないます。

▼生産管理

製造業においてもっとも重要なのは、**「消費者のニーズに合わせて、必要な分だけ市場に製品を供給すること」**です。つまり売れない時期に多く作り過ぎないことと、売れる時期に不足が生じないようにすることがポイントです。そのためには的確な需要予測に基づき、生産ラインの稼働をコントロールするための計画（生産計画）を立てなくてはなりません。それを担うのが生産管理部門です。よって**生産管理部門の出来によって会社の利益は決まる**と言っても過言ではありません。

ところがいくら素晴らしい生産計画を立てたからといって、それで終わりではありません。計画通りに工程が進んでいるかチェックするのも生産管理の仕事です。

さらに言えば、原材料の納品が遅れて製造できない、機械が故障して修理に数日かかる、他のラインで急に人手が必要となったため人員が足りない……など理由は様々ですが、なかなか計画通りに進まないのが世の常です。

そのため顧客の窓口になっている営業部門と納期交渉をしたり、工場長や生産技術部門と生産ラインの改善をしたり、さらには開発部門に製品設計そのものの見直しを要求したりと、部門間での調整に神経をすり減らさねばならない時もあります。

▼製造（生産）

工場で製品を量産します。いわゆる「ライン工」と呼ばれる職種の人を指します。ベルトコンベアで流れてくる部品の取り付け、完成品に不良品がないかのチェック、出荷のための梱包などをおこないます。

▼品質保証

設計ミスや生産ラインでの手抜きなどが原因で製品に不具合が生じた場合、会社は巨額の損害をこうむることになります。そうならないよう、製品設計から出荷に至るまで、あらゆる工程を監査するのが品質保証の業務です。また顧客からの品質に対するクレーム対応もこの部門の仕事です。**品質保証は「社内の警察官」**と言えます。

▼調達

製造業において、原材料費が原価に占める割合は非常に高く、製品によっても異なりますが、平均すると40〜60％程度とも言われております。ですから少しでも安く原材料を仕入れることが求められます。そのために業者（サプライヤー）から提出された見積が妥当かチェックし、場合によっては価格交渉をおこないます。

また生産管理部門の立案した生産計画通りに進めるためには、原材料を安定して供給してもらえるサプライヤーを探さなくてはなりません。信頼の置ける相手か、原材料の質に問題はないかなど、リスクのない取引をするために、サプライヤーの工場や農場を訪問し、直接目で確かめるのも調達の仕事です。そのため国内外問わず出張が多い部門でもあります。

▼営業

製造業において生産管理が会社の利益に直結する部門ならば、**営業は会社の売上に直結する部門**と言えます。説明するまでもないと思いますが、販売先の新規開拓や、既存客からの追加発注などの対応をおこないます。また個人向け商品の場合、顧客である店舗におもむき、販売を手伝う場合もあります。

▼**人事**

従業員の労務管理や採用に関する業務をおこないます。とくに工場勤務の従業員は正社員だけでなく「契約社員（いわゆる期間工）」や「派遣社員」など雇用形態も様々なため、各現場で適切な労務管理がされているかチェックすることも大切な仕事です。

▼**総務**

会社で働く従業員が円滑に業務を遂行できるよう、環境を整えるのが総務のミッションです。ペンやノートなどの消耗品の購買、制服の管理、建物の電気や防火設備の確認など、業務は非常に多岐にわたります。

▼**経理**

会社の収支を管理する部門です。従業員の給与や交通費などの経費の管理だけでなく、顧客からの入金漏れがないか、発注額と請求額に相違がないか、各税金の計算など、お金に関するあらゆる業務を担います。

▼**広報**

製品や会社のブランド力を向上させることを目的とした部門です。新製品を開発した際の宣伝、ホームページやSNSアカウントの管理、パンフレットの作成、各種イベントへの出展、といった宣伝活動だけでなく、会社が何らかのトラブルに巻き込まれてしまった場合は法務や経営企画と連携してメディア対応などもおこないます。広報の対応次第で世間の会社に対する印象は決まってしまいます。ですから広報は「会社の顔」と言えます。

▼法務

顧客、サプライヤー、従業員など、会社は様々な相手と契約書を締結します。会社が不利になることだけは絶対に避けなくてはいけませんので、たとえ顧客であっても相手から提示された契約内容をそのまま鵜呑みにしません。法務部門ではそれらの契約書のチェックや、締結した契約書が順守されているかの確認、さらに何らかの法的な問題が生じた際に、顧問弁護士らと連携して対処にあたります。

▼知財

会社には様々な「知的財産」があります。

新技術の発明、営業や製造のノウハウ、様々な社内規定――それら**知的財産のうち、製造業においてもっとも厳格に管理せねばならないのが「新技術の発明」**です。

なぜなら「その会社の持っている技術でしか生産できない製品」だからこそ大きな意味が

あるからです。そのため重要な「新技術の発明」は自社でしか利用できないようにしなくてはいけません。それが「特許」と呼ばれるものです。

製品開発部門では日々研究をおこなっているため、膨大な量の発明があります。それらすべての発明を申請することはできません。また重要な発明であっても社会的意義を考慮して、あえて特許をオープンにする場合もあります。有名な事例ですとデンソーウェーブ社が発明した「ＱＲコード」はそれにあたります。

どの発明を特許に申請すべきか、申請を日本国内にとどめるのか世界各国でおこなうのか、「特許」「実用新案」「意匠」のいずれを申請するのか――など会社の知的財産の戦略を立案するのが知財部門の仕事です。

また自社の特許が侵害されていないか、逆に開発した製品が他社の特許を侵害していないかチェックする仕事もあります。

▼経営企画

いくら良質な製品を市場に提供できる生産力があっても、世の中のニーズや社会情勢にマッチしていなくては生き残ることができません。

経営企画部門は言わば「会社の舵取り」です。中長期的な視野に立って、会社がどのような方向へ進むのか決めていきます。そのうえで経営計画を立案し、新規事業の創出を検討します。

さらにマーケティング調査、各事業部のトップが集う経営戦略会議の資料作成といった事務作業や、従業員が最大限能力を発揮できるよう社内規定や賃金テーブルの見直しを図るのも業務の一環です。

▼情報システム

会社の業務の多くはパソコンでおこなわれております。

当たり前のことを言っているように聞こえるかもしれませんが、パソコンが本格的に普及しはじめたのは１９９０年頃です。つまりわずか30年前までは、会社の業務の多くは紙とペンでおこなわれていたということです。

パソコンでおこなう業務では、「基幹システム」と呼ばれる会社の業務に合わせて独自に開発されたプログラムを利用します。その「基幹システム」を企画、制作、管理、メンテナンスするのが情報システムの仕事です。また業務で使うノートパソコンやタブレットなどの機器のメンテナンスもおこないます。

企業によっては**「物流」「生産安全基盤センター」「ＩＲ・ＣＳＲ」「社長室・秘書」**などが存在しますが、おおむね全企業に共通しているのはこれらの部門です。

「ハードな環境」と言っても人によって感じ方が違う

次に「どんな仕事なら長続きできそうかを考える」に移ります。

そんなことを言うと「ストレスがなく、残業もない仕事なら続けられる」と考える人もいるかもしれませんね。しかし、先ほどから申しあげている通り、そのような職場など存在しません。もっと言えば、**「新入社員はハードな環境に突き落とされるのが当たり前」**と考えたほうがいいでしょう。

あなたも「獅子は我が子を千尋の谷に落とす」という故事を耳にしたことはあるでしょう。その意味は「若いうちにあえて厳しい試練を与えることで急激な成長を促す」です。

ビジネス社会では「タフアサインメント」と言われ、多くの会社が研修の基本として取り入れております。新入社員を短期間で戦力とするためという意味合いが強いのは確かですが、「ハードな環境ほど、人の本性は出やすい」という側面もあります。

ホラー映画が好きな人であれば、よく理解できるでしょう。

・普段はクールを装っている人が、怪物を前にしたとたんに誰よりも取り乱す
・正義感たっぷりなリーダーが、命の危機に面した瞬間に仲間を裏切って逃げ出す

こうしたシーンはありがちです。

実は、現実のビジネス社会でも同じようなことがあります。

・成績優秀だった社員を管理職に抜擢したら、なかなか成果が出ず、周囲に対して必要以上に厳しく当たるようになった。
・前向きで、会社に対して何の不満も抱いていないように見えた社員が、部署異動を命じたとたんに辞めた。

などがよくある例で、会社にとっては悩みのタネでもあります。そのため、社員一人一人のストレス耐性や得意不得意を正確に把握しておく必要があるのですが、会社と新入社員の接点は入社までは「採用面接」や「インターンシップ」だけです。選考期間中に、会社がポ

ジティブな面しか見せないのと同じように、学生もまた絶対にネガティブな部分は見せません。

そこで新入社員のうちに困難に直面させることで、その人の本性を探ります。「三つ子の魂百まで」のことわざ通り、その人に備わっている「人としての本質」は歳を取っても変わらないものだからです。

実例を挙げると、某大手インターネットサービス会社では、つい数年前まで、新入社員研修の一環として自社の運営しているクレジットカードの新規契約を数十件取らなくてはいけないというノルマを課していたそうです。

言うまでもなくノルマを達成できなければ「なぜできないのか」と厳しく問いつめられます。しかも「結果によって配属先が決まる」と聞かされますので、新入社員たちは苦しい思いをしながら、親族や友人たちに「カードを作ってくれ」と頼み込まねばなりません。

今では異なる研修内容のようですが、それでも見知らぬ人を相手にテレアポを取り、新規契約の獲得をしなくてはならないようです。

ところが大手企業であれば学歴に応じて配属先は入社前から決まっているのが常識です。そのため、入社直後の研修でノルマを達成できたからといって、これといった優遇はされないのが現実でしょう。とはいえ、手を抜いていいわけはありません。

このように**「大卒の総合職で採用された新入社員」はハードな環境に置かれるもの**だと考えて間違いありません。

しかし**環境が同じであっても、人によって感じ方が違う**ことを忘れないでください。湯加減を例にすると分かりやすいですね。

熱いお湯に長く浸かることができる人もいれば、ぬるま湯でないと入れない人もいるでしょう。

激辛のカレーを躊躇なく食べることができる人もいれば、甘口でないと食べられない人もいます。

蛇やカエルが苦手な人もいれば、ペットにするほど好きな人もいます。

このように一見するとハードに思える環境であっても、思いのほか対処できてしまう場合もあるわけです。よって**「長続きできそうな仕事」とは、言い換えれば「対処できそうな仕事」ということ**です。

では次に「対処できそうな仕事の見つけ方」を説明していきましょう。

「営業」や「販売」というだけでアレルギーを起こすな

前述の通り、多くの文系大卒者の配属先は営業ないしは販売の部門になります。よって**「対処できそうな営業スタイルの会社を見つけること」とは、「対処できそうな仕事を見つけること」と言い換えることができます。**

ところが「営業なんてしたくない」と考えている人も多いと思います。

実際に学生の「営業」や「販売」に対するイメージはすこぶる悪いのが実情で、とある大学の講師が「営業に対してどういうイメージを持っているか?」という課題を学生に出したところ、80%の回答がネガティブだったそうです。

・ノルマがきつそう
・休みの日でも会社から呼び出されたら出社しなくちゃいけない
・客に頭を下げなくてはいけない

・客のいいなり

といった意見が大半を占めたのは、ドラマや漫画の影響が強いからでしょう。もしくは毎晩疲れて帰ってくる父親の背中を見て、そう感じた人もいるかもしれませんね。しかし、**ひとくちに「営業」「販売」といっても、企業によって仕事の内容がまったく異なる**ということを知らなくてはなりません。

それはちょうど「漁」に似ています。網を設置して一度に多くの魚を獲るやり方もあれば、カツオやマグロのように漁師が1本釣りで獲る方法もありますよね。

営業も同じで、売る商材や販売相手が異なれば、やり方はガラリと変わります。

これまでにも「アパレル」「英会話学校」「飲料メーカー」について、営業職の現実を説明しましたが、どれも仕事の内容はまったく異なっていましたよね？

いずれも「キツそうだ」と感じた人が多いことでしょう。しかしその一方で「この仕事なら続けられるかもしれない」と感じた人もいるはずです。

例えば「体力には自信があるが、人とのコミュニケーションは苦手」という人であれば、顧客と接することのない「自動販売機の補充」なら続けられそうだと感じたかもしれません。

では具体的にどのような営業スタイルが存在するのでしょうか。
それは次に挙げたような「分類」の組み合わせで決まります。

・相手……「個人」と「法人」
・目的……「新規営業」と「既存営業」
・商材……「有形」と「無形」
・価格……「低額」と「高額」

具体的な組み合わせについては、後述の【参考：営業スタイルのパターン】にまとめましたので、気になる人は読んでみてください。

このように**自分の興味のある業態が見つかったら、その業態がどのような営業をしているのかを調べてみましょう。**なぜなら入社直後の配属先は高確率で営業だからです。

そして**その業態の営業スタイルが自分に合いそうだと感じることができたら、よほど企業風土や人間関係が合わないということがない限り、「あなたが長続きできそうな業態」と考えて問題ない**と断言できます。

■参考：営業スタイルのパターン

▼パターン①　ローラー営業（法人向け）

・相手：法人
・目的：新規営業
・商材：無形
・価格：低額

【例】
・ＩＴ企業のクラウドサービスの販売営業
・Ｅコマース業界の新規出店営業
・スマホ決済の取扱い店舗の開拓営業

【特徴】
「下手な鉄砲も数撃ちゃ当たる」という営業スタイルで、「テレアポ」ないしは「飛び込み」で見知らぬ相手にアプローチしていきます。

配属初日に上司から手渡される担当リストは数千〜数万件。テレアポであれば1日あたり

50〜100件程度の電話をかけ、飛び込みであれば20〜30件程度の企業訪問をしなくてはなりません。商談までこぎつけられるのは100件に2〜3件あれば良い方でしょう。

もちろん商談までの確率を高めるに越したことはありませんが、それよりも数を当たることの方が求められます。

というのも低額の無形商材の場合、「特定の業務に特化したサービス」であることが多く、はまらない客なら検討の余地なく断られますし、はまる客なら短い検討期間で契約してもらえるからです。


また、低額の無形商材の場合はサービスの初期費用が無償であったり、試用期間が設定されていたりと、導入障壁を限りなく低くしているのが一般的です。さらに、少額であるほど、顧客に合わせたカスタマイズが難しいという特徴もあるので、営業するにあたっては最低限の商品知識さえあればよく、企画提案力は必要ありません。

▼パターン② アカウント営業

・相手：法人
・目的：既存営業
・商材：無形

・価格：高額

【例】

・広告代理店のアカウント営業

・コンサルティングファームの深耕営業

【特徴】

同じ法人営業であっても、新規営業と既存営業とではスタイルがまったく違います。

前述の「漁」で言えば、大海原に船を繰り出すのが新規営業で、近海で養殖をおこなうのが既存営業と考えてください。すなわち既存営業では、顧客の囲い込みが目的となってきます。新規営業と比べると、きめ細かな対応を継続することが求められるため、担当する顧客数は少ないのが一般的です。とくに無形商材の場合はその傾向が顕著で、顧客単価が年間数千万円〜数億円であれば、担当する顧客は２〜３件程度が平均的でしょう。そのためやみくもに飛び込み営業するような無鉄砲なスタイルではありません。

また無形商材の場合は費用対効果が分かりづらく、満足度が上がりにくいものです。

例えば高性能なコピー機（有形商材）であれば、仕上がりの良さはすぐに分かりますよね。しかしテレビでＣＭ（無形商材）を打ったからといって、自分たちのビジネスにどのような影響をもたらしたのか、判断がつきにくいと思います。数千万円のコストをかけてもどのような効果が出たのか分からなければ、契約を続けてもらうことができないのは考えるまでもありません。
そこで様々なデータを分析し、より成果を上げるための提案をすることで、満足度の向上を図るのです。よってデータ解析ツールの操作や資料作成に膨大な時間を取られることになります。

無形商材の既存営業は、導入当初にイメージしていたような成果が出なければクレームにつながりやすいのも特徴でしょう。ですから、時には顧客からの電話で叱責されることもあります。とくに大型顧客の場合、解約されれば経営に響く可能性もありますので、なんとしても繋ぎ止めねばなりません。

さらに、営業職ですから売上ノルマを課せられます。解約を防いだだけでは売上は横ばいのままですから、より高額なプランや別サービスの提案もおこなう必要があります。
そのため、いくらお叱りを受けていようが、月に一度は対面で打ち合わせをしなくてはならないのです。

以上のように、アカウント営業は様々な業務を同時にこなさねばならず、多忙を極める傾向にあります。顧客満足度と営業成績の両方を追わなくてはならないので、プレッシャーも大きいでしょう。

しかし厳しいことばかりではありません。期待した以上の成果が出れば、顧客の喜びがダイレクトに伝わってくる仕事でもあります。

またどんなに叩かれようとも、腐らずに一生懸命やっていれば、顧客にもその姿勢は伝わるものです。そして、一度信頼を勝ち取ってしまえば、アップセルの提案を受けてくれやすくなりますので、自然と営業成績も良くなります。

このプラスの循環を生むまで顧客に尽くすことが何よりも大事なのです。

これらのことからも分かる通り、アカウント営業を担当するためには、自社のサービスはもちろんのこと、顧客の商材や業態のことを隅々まで把握していなくてはなりません。そのうえで最適な提案を生み出すための、論理力、思考力、文章力が必要となります。

また自分一人ではサービスの提供をおこなうことは不可能ですから、各部署との調整力も求められます。言うまでもなく、顧客に納得してもらうための企画提案力もなくてはなりません。

誰にでも務まる仕事ではないと考えてよいでしょう。

▼パターン③　高額商材の個人向け営業

・相手：個人
・目的：新規営業
・商材：有形／無形
・価格：高額

【例】
・不動産の住宅販売
・ハウスメーカーの賃貸経営・土地活用セールス
・銀行や証券会社の金融商品の販売
・カーディーラーの営業
・化粧品のカウンセラー

【特徴】
一部の大手企業を除けば「体育会系の社風」と「徹底したノルマ至上主義」がはびこっているのが一般的です。

3カ月連続でタコ（契約が取れない状態のこと）が続けば、全体会議にすら参加させてもらえない「村八分」状態にされることも覚悟しなくてはいけません。

「契約すら取れないくせに休むな」と怒鳴られ、休日はおろか、昼食すら満足に取れない日が続きます。

逆に1件でも契約が取れれば、てのひらを返したかのようにヒーロー扱いされるでしょう。年間を通じて優秀な成績を収めれば、全社員の前で派手に表彰され、海外旅行などの特別ボーナスをもらえるかもしれません。

つまり契約を取れるか否かで、天国と地獄が明確に分かれる仕事なのです。


そのため、どうしても契約を取りたい一心で、リスクやデメリットを説明せずに契約させてしまうこともあるでしょう。そのせいで後からクレームになることもしばしばあります。当然、それらのクレームの対応もおこなわなくてはなりません。

金融商品であれば富裕層の高齢者を狙って、あの手この手を使って金融商品を売りつける——という詐欺まがいの手法も数年前まで常態化しておりました。強引すぎるやり口が社会問題に発展した企業があったことも、新聞を読んでいる人なら知っているかもしれませんね。


また個人相手の営業は、土日に休みが取れず、18時以降も電話や接客に忙しいというのも特徴です。ワーク・ライフ・バランスの進んだ一部の大手企業ならまだしも、中小やベンチャー企業の場合は休日も少なく、肉体的にもかなりハードと言えます。

▼パターン④　御用聞き営業

・相手：法人（個人もあるが稀）
・目的：既存営業
・商材：有形
・価格：低額

【例】
・メーカーの営業
・下請けの営業

【特徴】

客先に足しげく通い、「何か欲しいものはありませんか？」と聞いて回る営業スタイルは、「御用聞き営業」と呼ばれております。

『サザエさん』を見ている人ならば「三河屋のサブちゃん」が思い浮かんだかもしれませんね。「こんにちは～！」と元気な声で勝手口にあらわれ、「そろそろお砂糖が切れる頃じゃありませんか？」と注文を取っていき、後で届けてくれる爽やかな青年です。感じが良いだけでなく、世間話も上手く、サザエさん一家の事情を良く知っており、いつも気の利いた提案をしています。まさに彼こそ「御用聞き営業」の鑑と言えましょう。

近頃では個人相手の「御用聞き営業」は「百貨店の外商」や「健康飲料の訪問販売」くらいで、ほとんど見られなくなりました。ところが法人相手であれば、先に挙げた飲料メーカーをはじめ、多くの会社でおこなわれております。

そして、「御用聞き営業」は他人とのコミュニケーションが少なくて済む仕事でもあるのが特徴です。人ではなく機械に御用をうかがう自動販売機の補充などは極端な例かもしれませんね。そうでなくても、化学系メーカーなど取扱い商品数が少なければ少ないほど、顧客とのコミュニケーションが簡潔になります。単に「○○は必要ですか？　必要ならいつまでにどれくらい欲しいですか？」と聞くだけです。顧客との折衝が少ない分、業務の大半は「伝票作り」になります。

ですから、人と話すのが苦手な人は、取扱い商材の少ないメーカーを希望することをおすすめします。

製品数の多いメーカーについても、多少の違いはあるものの「御用聞き営業」であるのは変わりなく、「決まりきった商材」を「決まったタイミング」で「決まった量」だけ販売するのが基本です。

顧客の方から「おたくでは○○のような製品はないの？」と聞かれた時だけ「はい」か

「いいえ」で答えればよいのです。

そのため厳しいノルマはありません。主な仕事は「決められたルートに沿って社用車で顧客を回ること」と「伝票作り」です。つまり毎日決まりきった仕事を淡々とこなすことになると考えてよいでしょう。

▼パターン⑤ ソリューション営業

・相手：法人
・目的：新規営業
・商材：有形／無形
・価格：高額

【例】
・商社の営業
・銀行の法人営業
・ＩＴ企業による新システムの営業

【特徴】

「御用聞き営業」が「何か欲しいものはありますか？」と聞いて回るのに対し、「ソリューション営業」では「〇〇を導入して御社の課題を解決しましょう」と、顧客に対して積極的に提案するのが特徴と言えます。

ですから、商談では顧客の課題や要望にじっくりと耳を傾けなくてはなりません。現状、表に出ている課題は見つけやすいのですが、そうした課題は既に付き合いのある業者に解決を依頼しているケースが多く、仮に商談テーブルに乗せることができても、競合他社との戦いは避けて通れません。

なるべく単独指名で商談を進めていくためには、顧客すら気づいていない潜在的な課題を探っていく必要があります。そうした課題を見抜いてずばり指摘するためには、同業他社がどのような取り組みをしているのかや、最先端の技術を導入しているケースを知らなくてはなりません。

つまり世の中のトレンドについて深い見識が必要になります。

言うまでもありませんが、課題を発見したからと言って、解決策がすぐに見つかるというわけではありません。同じような課題でも、顧客によって細かな要望はバラバラですので、画一的な商材やサービスでは解決できないのが普通です。つまりオーダーメイド式で解決策を提案しなくてはいけないということです。

そのため、「○○な課題を解決したい」という引合が発生したら、一度会社に持ち帰り、顧客の要望に応えるための施策を考える必要があります。

ＩＴ企業であれば、開発部門や調達部門とミーティングをし、対応範囲や見積の相談をします。商社であればサプライヤーを回って交渉する必要もあるでしょう。銀行の法人営業の場合、お金で解決できる課題ならば単に融資の提案だけで済みますが、そうでなければ、顧客同士の引き合わせや、Ｍ＆Ａの可能性なども探らなくてはなりません。

いずれの業界においても、自社の取扱い商材だけでカバーしきれなければ、部分的に他社を紹介してでも「顧客の課題解決」を図ります。

よって自社の取扱い商材に関することは当然のこと、サービス範囲外の他社商材についても知らなくてはなりません。


簡単に言えば、世の中を良く知らないと務まらないということです。

ですから、新聞を欠かさず読むのは当然のこと、業界誌や最先端技術に関する書物にも目を通す習慣が必要と言えます。


さらに「ソリューション営業」では、戦略的にコネを広げていく術も身につけなくてはなりません。なぜなら価格が高額であることもそうですが、顧客のビジネスや業務に直結した提案になるため、最終決定者が経営に近い立場の人だからです。

とくに大手企業の場合、受付の電話越しに「役員を出してください」と言っても、まず取り次いでくれません。提案する商材やサービスを利用する現場の担当者が窓口になることが大半です。しかし彼らには決裁権がありませんので、いくら仲良くなっても契約には直結しません。

提案内容や見積が他社よりも優れており、現場の担当者とその上司から高評価をもらっていても、最終決定者である役員の知り合いが他社にいて、その会社に契約を取られてしまった――というのは、ソリューション営業の現場ではよくある話です。

ですから、担当者の上司、さらにその上司までコネを広げていくことが大切です。相手が大手企業であれば、金曜の夜や土日を使って「接待」をしなくてはならない場合もあるでしょう。

このように「ソリューション営業」では様々な能力が必要です。

社会人になりたての新卒者がいきなり一人でできるような代物ではありません。少なくとも2～3年かけて世の中のことを学び、上司や先輩の力を借りながら営業の仕方を覚えていかねばならないでしょう。

しかしベンチャー系のシステム会社などでは教育できる人材がおらず、短い研修期間の後に、いきなり一人で営業現場に放り出されることもあるので注意が必要です。そういう会社ほどノルマが厳しく、労働環境の悪い傾向があるのも共通点と言えます。よって中小企業やベンチャー企業で「ソリューション営業」をしているような会社は避けた方が無難であることも覚えておきましょう。

▼パターン⑥ 販売員

・相手：個人
・目的：新規営業／既存営業
・商材：有形
・価格：低額

【例】

・小売店や百貨店の販売員
・書店員

【特徴】

学生さんたちにとってはもっとも身近な営業スタイルでしょう。営業・販売というより「接客」と表現した方がしっくりくるかもしれませんね。言うまでもないとは思いますが、「販売員」とは、店舗に来店したお客様に対して商品を販売する人のことです。

装飾品、化粧品、家電などの高額品と違い、食品、飲料などの生活必需品や、書籍などの低額商品については、お客様自身が「欲しい」と思ったものを買っていきますので、過度な売り込みはしません。

しかし営業であることには変わりませんので、売上ノルマは存在します。

こちらから売り込まずにどのようにして売上の向上を図るのか――非常に困難な課題をクリアしていかなくてはいけません。

とくに新型コロナウイルス感染症の影響でオンラインショップに客を取られ、さらにインフレの追い打ちもあり、どの小売店も苦戦を強いられているのが現状です。

お客様の動線を考慮したレイアウトの工夫、商品ラインナップの見直し、ポップの作成、「お客様の声」の反映――など、お客様の満足度向上と、新たな商品への気づきを与えるような店舗づくりがますます求められております。

さらに大卒の正社員ともなれば、その業務内容はレジ担当や品出しなどの単純作業だけにとどまりません。

アルバイトのシフト管理や研修、在庫管理、発注・返品・廃棄、金銭管理、試飲会や試食会などのイベント管理、売上データ分析、店舗運営戦略を本社へ報告、などの「管理業務」の比重も大きくなります。

ただしこれらはすべてルーティン業務ですので、はじめのうちは忙しさに目が回ってしまうかもしれませんが、数カ月もすれば体が勝手に慣れてきます。

問題は「何か起こった時」の対応です。

・万引が発生し、犯人を取り押さえた
・客がいちゃもんとしか思えない、理不尽なクレームをつけてきた
・レジの金額が大幅に合わない
・無断欠勤したアルバイトと連絡が取れなくなった
・アルバイトが店内で悪ふざけをして、その様子をＳＮＳにアップした
・間違って大量の発注をかけてしまった

などなど……。こうしたトラブルに対しても動じない肝の太さが大切です。

もちろん土日祝日ほど忙しくなりますので、「学生時代の友人と休みを合わせてお出かけ」

というのは諦めてください。24時間営業のコンビニエンスストアや深夜まで営業している店舗の場合は、遅番のシフト（17時頃）に入って、そのまま朝まで働く日もあることでしょう。

さらに多くの事務作業は閉店時間後におこなわねばならないので、残業が多いのも特徴です。しかし「平日に休みが取れると、どこへ出かけても空いているのがいい」という人も少なからずいますので、物は考えようなのかもしれません。

いずれにせよ心身ともにタフである必要があるでしょう。離職率が高い職業なのもうなずけます。

営業・販売以外の部門に新卒者を配属している業態もある

先ほど「文系大卒者の70％は民間企業の営業職に配属される」と申しましたが、「どうしても営業をやりたくない！」という学生さんも多いでしょう。もはや避ける術はなく、やりたくない営業職に就かざるを得ないのでしょうか？

いいえ、そういう訳ではありません。営業職を避ける方法は確かに存在します。ここではその方法を４つ紹介しましょう。

方法① 公務員になる
方法② 士業になる（公認会計士・弁護士・弁理士・司法書士など）
方法③ 教師になる
方法④ 営業・販売以外の部門に新卒者を配属している業態に応募する

このうち①〜③については、説明するまでもなく専門の採用試験や資格試験の合格が必須となります。とくに②と③を本格的に目指すためには少なくとも数年かけて勉強や実習が必要になりますので「今さら言われてももう遅い」と感じる人も少なくないでしょう。ですから詳しい解説は割愛します。

多くの学生さんがもっとも気になるのは**「方法④　営業・販売以外の部門に新卒者を配属している業態に応募する」**だと思います。

では、どのような業態が該当するのでしょうか？　具体的なパターンを挙げていきましょう。

①　ＩＴやメーカーにおける、システム・機械・電気・建築・土木などのエンジニアや設計者

②　マスコミ、出版、印刷、広告代理店、制作会社、ゲーム会社における、編集者、クリエイター、デザイナー、開発者など

③　宿泊、航空、鉄道、アミューズメント施設、介護、ウエディング、葬儀などの業界において、顧客に直接サービスを提供する仕事

本書ではそれぞれの詳しい仕事の内容までは言及しません。

また職種によっては特定の資格や、特定の学科卒が求められるでしょうから、応募する前に必ず確認するようにしましょう。

しかしどの業態を選ぼうとも、新入社員の仕事がハードであることに変わりありません。何度も申しあげておりますが、イメージだけで仕事を選ぼうとすると失敗します。実際にどのような仕事をするのか、調べてから応募するのが無難です。

以上が「就職活動における業界の絞り方」になります。

では次からはいよいよ「自分に合った会社の選び方」を説明していくことにしましょう。

第3章

自分に合った会社を選べ

多くの学生は無駄な動きをしている

就職活動でエントリーシートの平均提出数は約20社と言われております。
とくに文系の学生は約30社もエントリーシートを提出しているようです。「オープンエントリーシート（ＯｐｅｎＥＳ）でも可」としている企業もありますが、多くの企業はオリジナルのフォーマットのエントリーシートを用意しております。ですから20〜30枚も個別に作らなくてはいけないということになります。中には１００社以上エントリーしている人もいるでしょう。エントリーするだけで膨大な時間をかけていることがうかがえます。

しかしその動き、本当に必要ですか？

私は何も「エントリー数を絞りなさい」と言っているわけではありません。受かるはずもない会社に「もしかしたら受かるかもしれない」という甘い妄想を抱いて、エントリーシートを提出していませんか、と問うているのです。

この際だからはっきり申しあげますと、**あなたが受かる会社は決まっております。**ですから、**受かるはずもない会社に、時間をかけてエントリーシートを提出することは、「無駄」以外の何ものでもありません。**

例えばあなたに高校３年生の子どもがいたとして、その子が年末にこんなことを言い出したら、どうしますか？

「何が起こるか分からないから、記念で東大を受験してみたい！」

東大の偏差値は74以上と言われておりますから、もしその子の偏差値が70を超えていれば「やってみなさい」と背中を押してあげるかもしれませんね。しかし、偏差値50の子どもがそんなことを言おうものなら、「受けるだけ無駄だから、他の大学にしなさい」と全力で止めるのではないでしょうか。

就職も同じです。

誰もが知る超有名企業に入りたい、という気持ちは分かります。そのこと自体を否定するつもりはありません。しかし、企業研究やエントリーシートを作成する時間をかけてまでエントリーするべきか、と言えば、明確に「NO」を突きつけます。

つまり、**エントリーする会社を選ぶ基準は「入社したい会社」ではなく「あなたが受かりそうな会社」であること**を忘れないでください。

この他にも【参考：学生が陥りがちな間違った企業の選び方】をまとめておきましたので、エントリーする会社を絞る前に必ず確認するようにしましょう。

■参考：学生が陥りがちな間違った企業の選び方

▼パターン① 社風で選ぶ

就活生が会社を選ぶ基準で堂々の1位に選ばれたのが「社風で選ぶ」だそうです。しかし、会社の社風をどうやって調べるのでしょうか？

前にも説明した通り、会社説明会やOB訪問は「偽りの姿」しか見せません。ネットで調べようにも、書かれていることの大半は誇張されております。もっと言えば、部署によっても雰囲気は違うものです。

つまり、会社に入らないと、本当の社風を知ることはできません。**「この会社の社風は自**

分に合いそうだ」と信じ込んだまま入社した場合、現実とのギャップに苦しむ要因にもなりかねませんので、やめた方がいいでしょう。

▼パターン②「自分の成し遂げたいことができるか」という軸で選ぶ

就活のハウツー本でよく言われていることですね。しかしはっきりと断言しておきます。**自分で成し遂げたいことを会社に持ち込むものではありません。**

社会や世の中に対して、自分で成し遂げたいことがあるなら、自分で会社を作りなさい。

会社はあなたの欲望を満たすために存在しているわけではありません。

社会的な意義を満たすために存在し、その見返りとして収益を上げているのです。

会社の理念や存在意義に共感し、自分がその一員として社会に貢献する意欲が持てるかどうか、を基準とすべきでしょう。そこに「自分の成し遂げたいこと」は不要ですし、そんなことを考えて入社しようものなら、数カ月後には「結局自分のやりたいことができなかった」といって辞めていくことになるのは目に見えています。

▼パターン③　好きな企業を選ぶ

就職先を選ぶのに困ったあなたが、そのことを知り合いに相談すると、こう返してくる人もいるでしょう。

「あなたが好きな会社を選べばいい」と。

しかしそれは「あなたがどこに就職しようが私には関係ないから相談しないでくれ」と言われているのと同じことだと考えてください。

あなたの将来を真剣に考えている人なら、そんな回答はしません。

つまり早く会話を切り上げたいから当たり障りのない答えを言った、ということです。

そもそも「好き」「嫌い」という感情は「自分の体験」によって左右されます。

苦痛な仕事を長時間続けなければならない会社を好きになれますか？

いくら働いても給料が上がらなければ出世もできない会社を好きになれますか？

社風や企業文化がどうしても自分に合わない会社を好きになれますか？


これらは実際に入社してみないと分からないものです。だからこそメディアや就活サイトの情報に踊らされて、「この会社は好きだ」という先入観を持ってはいけません。**就職活動をするまで一度も名前を聞いたことがなかった会社でも、労働環境が非常に優れたところはたくさんあります。就職活動において、不用意な色眼鏡ほど邪魔なものはありません。**

▼パターン④　将来性の高い会社を選ぶ

こちらも就活のハウツー本でよく見かける文句ですね。

しかし**どんなに有能な経済アナリストであっても、会社の将来性を正確に見通すことなどできません。**

例を挙げましょう。

２０２０年、新型コロナウイルス感染症の影響で、日本の航空業界はかつてないダメージを受けました。大手航空会社は客室乗務員やパイロットなどを、自動車メーカーや地方自治体へ派遣し、工場勤務や畑仕事に従事させている――そんなニュースをあなたも一度は目にしたことがあるでしょう。

ところが、つい数年前までは「東京オリンピックをはじめとしたインバウンド政策により観光業および航空業の将来性は高い」とされており、人気業界の一つでした。

はたしてこの航空業界の凋落をいったい誰が正しく予測できたでしょうか？

天災だけでなく、技術革新、政治、国際情勢などの様々な要素が入り交じって、業界や会社の浮き沈みに影響を与えます。就活のハウツー本を書いた人たちがそれらをすべて的確に推測することができると思いますか？　絶対にできません。

だからこそ**学生に対し「将来性の高い会社を選んだ方がいい」と安易に教えるのは、無責任極まりないこと**です。「将来性は誰にも見通せない」という前提に立ちましょう。

大学の偏差値と入れる企業の格はイコール

では次に**「あなたが受かりそうな会社の選び方」**に移りましょう。

それは**「自分の大学のレベルに合った会社を選ぶ」**ということです。

ほとんどの会社の募集欄には「学歴不問」と書いてありますので、企業のネームバリューで決めたくなる気持ちは分からなくもありません。しかし残念なことに、**学歴不問採用は真っ赤なウソ**です。

大学の偏差値が一定の基準を満たしていないと、説明会の予約すら取らせてくれない会社も少なくありません。

「それはないでしょ?」と感じた人もいるかもしれませんね。しかし実際にこんなことがあったそうです。

とある学生が就活サイトに、異なる名前で2ユーザー分登録しました。性別や希望職種などあらゆるプロフィールを同じにしたのですが、ただ一つだけ変えた箇所があります。そう、学歴です。

一方は「A大学（旧帝大の最上位校）」、もう片方は「B大学（下位校）」にしたのです。

その後、彼は「郵便業界の超大手企業」の説明会の予約をしようとしたのですが……。

なんと「A大学」のユーザーでは、どの日程も「空席」だったにもかかわらず、「B大学」のユーザーに切り替えた瞬間に、すべての日程が「満席」に変わったのだとか。そこでもう一度、「A大学」のユーザーに切り替えたところ、やはりどの日程も「空席」と表示されたそうです。

有名な話ですので、興味のある人は調べてみるといいでしょう。

なぜこんなことが起こったのでしょうか？

考えるまでもありませんね。

その企業が就活サイトの運営者にお願いして、「学歴フィルターを用いて説明会に参加できる学生を制限した」のです。

企業によっては「応募条件として説明会の参加が必須」としておりますので、説明会の予約を取らせてもらえないということは、選考の土俵にすら上がらせてくれない、ということを意味しています。残酷なようですが、それが現実です。

ではなぜ会社は学歴フィルターを選考に用いるのでしょうか？

その理由は3つあります。

▼理由① 大企業の人事と言えども、学生の真の能力を見分けられる技量は持ち合わせていないため

人気企業ではどれくらいの応募数になるのか想像がつきますか？

なんと5万人を超えます。当然、面接の前に書類選考でふるいにかけるわけですが、書面だけで学生の資質を見極められる人は、古今東西どこを探してもいません。

そこでほとんどの人事は学歴をフィルターとして利用します。偏差値の高い大学に合格したことは、中学・高校と努力した成果であり、優秀な人材である確率が高いためです。

▼理由② 採用コストを軽減するため

エントリーシートを細かくチェックするだけで、膨大な時間が必要です。「時は金なり」

ということわざの通り、企業にとっては選考に費やした時間はそのまま人件費となります。ですから、なるべく時間（＝お金）をかけずに優秀な人材を採用したい、と考えるのは当たり前です。

応募者が多い企業、すなわちネームバリューのある企業ほど、大学の偏差値に基づいた選考をしていると考えた方がよいでしょう。

▼理由③　人事が2つのリスクをおかしたくないため

まず1つ目は「社内のリスク」です。

前述の通り、新卒者が3年以内に離職する割合は30％を超えます。もちろん一流大学の出身だからといって離職率が下がるわけではありません。しかし、下位校出身の新入社員が辞めた場合、「上位校から採用しないから人が辞めていくのだ」と人事が責められることになるのです。人事としては自分たちの評価につながることなので、そういったリスクをおかしたくありません。そのため偏差値の高い大学からの採用を優先するというわけです。

2つ目は「社外のリスク」です。

とくに一流企業では、一度でも下位校から採用した実績を残してしまうと、次年度以降に上位校からの応募者が減ってしまう可能性があります。そのリスクを避けるために学歴を重視して採用します。

以上の理由から、学歴フィルターによる選別は今後もなくなりません。

ですから**「あなたが受かりそうな会社」を見つけるには、「その会社の採用実績を見ること」がもっとも手っ取り早く、確実**です。

具体的には、自分の大学と同じランクの学校の名前があるかを確認しましょう。自分の大学がどのランクに属しているのか、どういう会社に合っているのか、については、【参考：大学のゾーンと企業の格】（図③）を参照するとよいでしょう。

もし自分の大学と同じレベルの学校の採用実績がなければエントリーしても無駄です。さっさと諦めて、他の会社を探した方がよいでしょう。

さて、ここまでくれば候補がだいぶ絞れてきたのではないでしょうか？　それでもまだ数十社ある人もいるでしょう。

「働き方改革」が推進されて以降、とくに若い従業員の労働環境は大手企業を中心に改善されつつあります。しかし、それでも旧態依然で、劣悪な環境を変えようとしない会社も残念ながら少なくありません。

図③　参考：大学のゾーンと企業の格

	超一流大手企業	一流大手企業	大手企業	中堅企業	中小企業
旧帝大（東京大学、京都大学、北海道大学、東北大学、名古屋大学、大阪大学、九州大学）、一橋大学など	○	○	○		
早慶上（早稲田大学、慶應義塾大学、上智大学）、国際基督教大学、地方の国公立大学など	○	○	○		
MARCH（明治大学、青山学院大学、立教大学、中央大学、法政大学）、関関同立（関西学院大学、関西大学、同志社大学、立命館大学）など		○	○	○	
日東駒専（日本大学、東洋大学、駒澤大学、専修大学）、産近甲龍（京都産業大学、近畿大学、甲南大学、龍谷大学）など			○	○	○
大東亜帝国（大東文化大学、東海大学、亜細亜大学、帝京大学、国士舘大学）、摂神追桃（摂南大学、神戸学院大学、追手門学院大学、桃山学院大学）など				○	○

※この表に反感を覚える方は多いでしょう。しかし、これが現実であると、あえて訴えさせていただきたいと思います。

しかもそういう会社ほど、言葉巧みに自分の会社を良く見せておりますので、ビジネス社会の経験がない学生たちは、その罠に引っ掛かってしまいがちです。

入社してから会社の実態を知っても遅い。

「第二新卒なら転職に不利はない」というのは転職支援会社のまやかしです。いったん傷がつけば、将来の選択肢はかなり狭まると言っても過言ではありません。ですから、エントリーする前に「その会社の待遇が自分に合っているか」を見極めなくてはいけません。

次からは「こんな会社は避けた方がいい」という項目をいくつか挙げていきます。あなたにピタリとはまる会社をさらに絞り込んでいきましょう。

初任給が低すぎる会社は避けた方がよい

「会社選びは『やりがい』と『年収』のどちらを優先すべきですか？」

多くの学生がそんな疑問を持っております。

とあるアンケートによると「会社を選ぶにあたってもっとも重視しているポイントは？」という問いに対して「やりがい」と答えた人は40％以上で、「年収」と答えた人の倍以上いたそうです。

会社説明会で「うちに入ればはやりがいのある仕事ができます！」とアピールする会社は多いでしょうが、「うちは高収入が売りです！」とアピールする会社はほとんどないでしょうから、知らず知らずのうちに「会社選びでは『やりがい』を重視するものだ」という刷り込みがされているのだと思います。しかし、はっきり言っておきます。

給料が高ければ、自然と「やりがい」は生まれてきます。
給料が低ければ、自然と「不満」が生まれてきます。

つまりどんなに自分に合っていそうな仕事でも、給料が低すぎれば、いつまでたっても「やりがい」なんて感じませんし、むしろ不満だけがどんどん募ってきます。

古典的な研究で「マズローの欲求5段階説」というのを聞いたことがある人もいるでしょう。

人間の欲求はピラミッド状になっており、下から「生理的欲求」「安全の欲求」「社会的欲求」「承認欲求」「自己実現欲求」の5段階に分かれており、下の欲求が満たされると、次の欲求を求めるようになる、というものです。

・食べる・寝るなどの生きていくのに最低限の欲求が「生理的欲求」
・心身ともに安全で、経済的にも余裕をもって生活したいという欲求が「安全の欲求」
・友達や同僚、上司など社会に受け入れられたいという欲求が「社会的欲求」
・自分の仕事を誰かに評価して欲しいという欲求が「承認欲求」
・理想の自分になりたいという欲求が「自己実現欲求」

となります。このうち給料が高ければ「生理的欲求」と「安全の欲求」を満たすことになります。

一方で「やりがい」を感じている状態というのは、自分が本当にやりたいことをしている状態であり、「自己実現欲求」を満たしていると言えます。

もちろん理想を言えば「やりがい」を感じることが重要かもしれません。

しかし、給料が低すぎて生活にゆとりがなければ、「生理的欲求」と「安全の欲求」を満たすことはできませんので、「やりがい」にあたる「自己実現欲求」を求めることすらできないわけです。

そうは言っても、大卒であればどんな会社に就職しても食うに困るようなことはまずないでしょう。しかし生活に多少のゆとりを感じるだけの給料が支払われるとは限りません。ですから会社を選ぶにあたっては、給料が低すぎる会社を避けねばなりません。

では、どれくらいの金額を基準にすればよいのでしょうか？

それには社会人になったらどれくらいの支出が発生するのか知る必要があります。

「一人暮らし」の場合と「実家暮らし」の場合とでは大きく異なるのは言うまでもありませ

んね。
ここでは「一人暮らし」の場合を例に挙げてみます。

▼主な支出（一人暮らしの場合）

・住居費：5万円
・食費：3万円
・水道光熱費：1万円
・通信費：1万円
・保険料：0・3万円
・被服費：0・5万円
・交際費：2万円
・日用雑貨：0・2万円
・趣味／自己啓発：1万円
・貯蓄：2万円

ここまでの合計は「16万円」です。

この他にも、奨学金を返還する、家具を新調する、ペットを飼う、友達の結婚式に呼ばれた、年末年始には実家へ帰る――人によって様々な出費はあるものです。

それらを考えれば「16万円」というのは、かなりギリギリの金額であることが分かります。

もしかしたら「安全の欲求」を満たせるほどの経済的なゆとりを感じないかもしれませんね。

そして、会社の給与欄に「16万円」と書かれていればよいか、と言えば、そんなことはありません。

就活サイトに書かれているのはあくまで「額面」です。

そこから健康保険、厚生年金、雇用保険といった社会保険や、所得税、住民税などの税金が差し引かれますので、実際に支給される金額は「額面」の８割程度になります。

その金額を「手取り」と言います。

つまり「手取り」が16万円必要ならば、「額面」は約20万円必要ということです。

ですから**額面が20万円よりも低すぎる会社はやめましょう。**ちなみに日本経済団体連合会と東京経営者協会が調査した２０２１年3月卒「新規学卒者決定初任給調査結果」によると、**大卒の初任給の平均は、事務職・技術職ともに約22万円**となっておりますから、額面で20万円以上を求めることは、決して高望みとは言えませんので安心してください。

ところがこんな人もいるかもしれませんね。

「選んだ会社が『給与：21万円（40時間分の固定残業代込み）』と書かれているから大丈夫そうだ」

ちょっと待ってください。本当に「大丈夫」と言い切れますか？

そんなことを言うと「20万円が基準と言っていたじゃないか」と驚くかもしれません。

ですが実は給料を確認するうえでポイントがあるのです。それは**「書かれている金額に固定残業代が含まれていないか」**ということです。その理由を説明する前に、「給料の内訳」について理解しておく必要があります。

① 基本給／毎月固定で支払われるもの。

② 残業代／決められた勤務時間を超過して働いた分だけ支払われるもの。

「固定残業制（みなし残業制）」を採用している会社では、「○○時間残業したとみなして」固定額を「固定残業代」として支払っている。

「みなし残業時間」より実際の残業時間が短くても「固定残業代」が減ることはない。一方で実際の残業時間の方が長かった場合、会社は社員に対して超過した分を支払わなければならないと法律で定められている。
③ 各種手当／資格や特殊技能を有している場合に支払われる「職能手当」、役職者に支払われる「役職手当」、優れた営業成績を収めたことで支払われる「インセンティブ」など、会社によって様々な手当がある。

「固定残業制」を採用していない会社の場合、ホームページに記載されている初任給は「基本給」と考えてよいでしょう。しかし、「固定残業制」を採用している会社では、初任給として「基本給＋固定残業代」が記載されているケースがほとんどです。そのため、「固定残業代」を採用している会社の方が、初任給が高く映ります。


具体的な例を挙げてみましょう。

大手インターネットサービス会社R社の2022年の初任給は「30万円」となっております。しかし、よく確認してみると、「初任給30万円」の内訳は「基本給22・8万円」と「40時間の固定残業代7・2万円」となっております。

もちろん「基本給22・8万円」でも平均と比べれば高い方ですが、「破格」とまでは言えませんね。

大手インターネット専門広告代理店、S社の2023年の初任給にいたっては「42万円」。しかも給与欄には内訳が書かれておらず、いかにも基本給のように見えます。

ところが勤務時間の欄に「固定残業代制、固定残業代の相当時間は80時間」と記載がありました。

1時間あたりの残業代が1900円として、80時間+深夜手当46時間であれば固定残業代は約17・4万円。

すなわち基本給は24・6万円となり、世の中の平均よりやや多い程度です。


これらの会社は「基本給」が世の中の平均とあまり変わらないにもかかわらず、多くの学生が「初任給の高い会社」という印象を抱いております。

就活支援サイトで「初任給の高い会社ランキング」の上位にランクインしているのを見たことのある人もいると思います。


しかし「固定残業代込み」で初任給を高く見せるのは単なるまやかしです。エントリー数を稼ぐための、騙しのテクニックにすぎません。

重要なのは「基本給」だと覚えておいてください。なぜなら**残業代は水物**だからです。

数年後、「固定残業制」を採用していない部署へ異動になり、ほとんど残業がなければ、「基本給」が低いと大幅に給料が減ることになります。会社の経営状態によっては「みなし残業時間」が減らされることもあるかもしれません。そうなれば言うまでもなく給料は減ります。

以上のことからも分かる通り、残業代をあてにしてはいけません。すなわち基本給が20万円よりも低すぎないかを確認しなくてはなりません。

もはや説明するまでもないと思いますが、**「固定残業代込みで月収20万円前後の会社」は「基本給」が平均よりも著しく低い**ことを意味しますので、避けた方がよいでしょう。

入社してから後悔しないためにも、エントリーする前に待遇面をチェックする癖をつけておいて損はありません。

初任給が高すぎる会社も避けた方がよい

給料は高ければ高い方がいい——そう考えるのは当然だと思います。

しかし次のことを胸に刻んでおいてください。

「企業にとって、入社後3年間は教育期間。戦力として計算していません。1人の新卒者を採用・教育するコストとして3年間で数千万円投じている」

前章でも説明した通り、日本の大卒者は即戦力ではありません。会社としては、少なくとも3年間はビジネスパーソンとしての基礎体力と実務遂行力を身につけてもらう期間と、割り切らねばなりません。にもかかわらず、初任給が他と比較して明らかに高いのは、何かおかしいと思いませんか?

その理由は次のうちのいずれかであると考えられます。

①初任給の平均が高い業界・職種である（コンサルティングファームなど）
②エントリー数を稼ぐための戦略
③新入社員を「即戦力」として扱っている
④離職率が高く、初任給を高くしないと入社希望者が集まらない

このうち①であれば大きな問題はないでしょう（それでも他の業界・職種と比べて新入社員のうちからシビアに結果を求められるのは確実ですが……）。

また、②については「固定残業代込み」で表記するという手法を取り上げました。その他にも「賞与制度がなく、その分を月収に上乗せしている」という会社もあります。いずれの場合も生活にゆとりの持てる金額であるかをチェックすれば、大きな問題にはならないでしょう。

しかし③と④に該当する場合には注意が必要です。なぜなら往々にして「ブラック企業」ほど、③と④を同時に満たしていることが多いからです。

実際の例を挙げてみましょう。

毎年数百人規模で新卒採用していた英会話学校業界の上場企業。初任給も他と比べて高い

ことから、入社を決めたTさん。しかし彼はわずか1カ月後には後悔することになります。

全体研修はわずか3日。入社4日目には営業の現場に放り出され「今日はいくら稼ぐ予定？」と、上司から強いプレッシャーをかけられる。課せられたノルマは入社1カ月目で月に数千万円——私の知り合いの体験談です。

そういった会社では3カ月もすれば多くの新入社員が辞めていくので、それを見越して大量の採用人数が必要となります。

そのため同業他社のみならず、名の知れた大手企業を出し抜く必要があり、何らかの強烈なメリットを打ち出さねばなりません。

そこで初任給を他よりも高額にせざるを得ない、というカラクリです。

もちろんそうでない場合もあるでしょう。とくに経営が安定していて、人材を大切にする会社では初任給が高い傾向にあります。

しかしビジネス社会のことを知らない学生に、その会社がブラック企業か否かを見極めることは非常に難しいと言わざるを得ません。そのため、**「初任給が高すぎる会社」は、はじめから避けておいた方が無難**となります。

どんなことでも同じですが、「うまい話には裏がある」のを忘れてはいけません。

休みが少なすぎる会社は避けた方がよい

「体力には自信があるので、多少休みが少なくても問題ありません」

そう考えている学生さんもいることでしょう。

ところが**人は摩耗するもの**です。いくら若くて体力があっても、しっかり休みを取らないと疲れは溜まっていきます。疲れが溜まればミスも多くなり、強いストレスを感じることになります。強いストレスがもとで体を壊し、結果として仕事を続けることができなくなってしまう――休みが少ないとそのような道をたどることになりかねません。

一方でこう考えている学生さんも多いのではないでしょうか。

「普通の会社に入れば、『土日』、『祝日』、『夏休み』、『冬休み』を取れるのは当たり前でしょ？　それに有給休暇も取れるはず」

しかし彼らの言う「普通の会社」とは、世間一般からしてみれば「普通」ではなく、数少ない「恵まれた会社」であることを知らなくてはなりません。

そのことは厚生労働省が実施した「令和4年就労条件総合調査」を見れば一目瞭然でしょう。「土日」「祝日」「夏季休暇」「年末年始休暇」をしっかり取れるということは、「年間休日120日以上」の会社ということになります。

厚生労働省によると、**「年間休日120日以上」の会社は、全企業のうちわずか31・2%**にすぎません。

さらに同調査によると、1企業の平均年間休日数は約107日となっております。「年間休日107日」とは、「週2日休み」と「年末年始休暇3日」の合計と同じです。よって**「祝日」分は休みが取れないのが、世の中の「普通」**なのです。

この現実を踏まえたうえで、どれくらい年間休日があればよいのでしょうか？

もちろん、いくら休日が少なくても、ゆとりを持った生活を送ることができれば問題ありません。それでも**「年間休日１００日」を切る会社は避けた方が無難**と言えるのは間違いありません。そのことは、**平均年間休日数が１００日以下の業種（コンビニ業、宿泊業、飲食サービス業、運輸業）では軒並み離職率が高い**ことからも明白でしょう。

では会社の年間休日数はどのように確認すればよいのでしょうか？　それは就活サイトの募集要項で「休日休暇」の欄を確認することです。年によって祝日の日数が変わったり、土曜と祝日が重なるケースもありますので、年間休日数を明記していない会社もあります。

その際は「完全週休二日制」「祝日」「夏季休暇」「年末年始休暇」と書かれていれば、年間休日は１２０日以上あると考えてまず間違いありません。

注意しなくてはいけないのは「週休二日制」と書かれていた場合です。なぜなら、**「完全週休二日制」と「週休二日制」は意味がまったく違う**からです。

「完全週休二日制」は、「週に二日の休日がある」となります。なお「完全週休二日制」とだけ書かれていても、「祝日」は含まれませんので、注意が必要です。

一方の**「週休二日制」は「1カ月に二日休める週が少なくとも1週はある」という意味**ですから、「完全週休二日制」よりも休日は確実に少なくなります。

例えば隔週で二日休めるとしたら、年間で78日。そこに夏季・年末年始休暇がそれぞれ三日ずつもらえたとしても年間休日は84日となります。

よって「休日休暇」の欄に「週休二日制・夏季休暇・年末年始休暇」としか書かれていなかったら、年間休日が100日を切る可能性があります。エントリーする前に人事やリクルーターに対して「年間休日の実績」を確認した方がよいでしょう。

またもう一つの基準として覚えておいてほしいのは、**社員数の多い企業ほど休日が多い傾向にある、**ということです。先にご紹介した厚生労働省の調査によると、「社員数が1000人以上」の会社では5割以上が「年間休日120日」としている一方で、「社員数が100人未満」の会社では3割を切っているそうです。社員が多ければ、一人が休んでも穴埋めできる——単純な理屈ですが、それが現実と言えるでしょう。

もし**比較している会社の休日の条件が同じだったとしたら、社員数の多い会社を優先した方が確実**と言えます。

体は資本です。

十分な休息を取らなければ、仕事に全力で打ち込むことはできません。せっかくの休みでも、疲れて体が動かず一日中家でゴロゴロしてばかり、なんて生活は嫌ですよね？

ですから自分の体力に合った休みが取れる会社を選ぶようにしましょう。

離職率が高い会社は避けた方がよい

「はじめに」で「入社後3年以内の離職率（3年後離職率）は30％を超える」と説明しました。しかし離職率が高いのは何も若者たちだけに原因がある訳ではありません。

それは3年後離職率が50％以上の会社もある一方で、ほとんど離職者を出さない、つまり0％に限りなく近い会社も多い現実からも言えるでしょう。

すなわち**離職率の高い会社では会社側の体質に何らかの問題がある**、と言わざるを得ません。言い換えれば**「ブラック企業である可能性が高い」**ということです。ですから離職率の高い会社は避けた方がいいに決まっております。**「3年後離職率が30％未満」**を基準にするのがよいでしょう。

しかし会社のホームページや就活支援サイトには記載されておりません（離職率が低いことをアピールしたい会社のホームページには記載があるかもしれませんが……）。

ではどのようにして離職率を確かめればよいのでしょうか?

実は正確なデータを知る方法はありません。

そこで東洋経済新報社が発行している**『就職四季報』で確認**するようにしましょう。

『就職四季報』には「3年後離職率」はもちろんのこと、「年収」「採用人数」「従業員の平均勤続年数」などが掲載されております。それらのデータは東洋経済新報社が各企業に対して調査票を送り、全ての項目を「任意回答」として集めております。

よって「3年後離職率」を回答していない企業もあります。東洋経済新報社によれば全体の2割の企業が「3年後離職率」を回答していないようです。

しかし「なぜ回答しないのか?」を考えれば、未回答の会社の実態は容易に想像がつきます。

なお『就職四季報』に書かれている「3年後離職率」の平均は11％前後で、総務省統計局の調査よりもだいぶ低いことが分かります。『就職四季報』に掲載されているのが大手企業中心であることも影響しているでしょうが、「3年後離職率が悪い会社ほど回答を避けている」という傾向があるのは、ほぼ間違いないと言えます。つまり**「3年後離職率が未回答の会社は離職率が高い可能性がある」**と考えてよいでしょう。

また、「従業員の平均勤続年数」も離職率を推し量るうえでは重要な指標になるのは考えるまでもありませんね。

離職率が高い会社であっても、入社してみたら自分に合っていた、ということもありますので、一概に数字だけで判断することは難しいと思います。とは言え、候補の中で優先順位をつけるうえでは、重要な指標になることは間違いありません。

社員の平均年齢が低すぎる会社は避けた方がよい

「社員の平均年齢は26歳！　みんな友達感覚で馴染みやすい社風です！」
「社員は20代が多く、若いうちから活躍できる職場です！」

社員の平均年齢が低い会社ほど「若さ」を売りとしております。一見すると明るいイメージを抱きがちです。しかしはっきり言っておきます。

社員の平均年齢が30歳を切るような会社は避けましょう。

なぜそう断言できるのでしょうか？　その理由は大きく分けて２つあります。

▼理由① 社員の定着率が低いため

東京商工リサーチが２０２０年に発表したデータによると、上場企業１７９２社の「従業員の平均年齢」は41・４歳となっております。そんな中で、社員の平均年齢が30歳を切るような会社は何か問題があるとしか言えません。

とくに平均年齢が低い傾向にあるのは「小売業」「宿泊業」「ＩＴ業」「不動産業」で、説明するまでもなく「３Ｋ」や「新３Ｋ」にあたる仕事ばかりです。

たとえ「３年後離職率」が低くても、入社後7年以内に多くの人が退職してしまえば、従業員の平均年齢はおのずと30歳以下になります。

もし『就職四季報』をお持ちなら「社員の平均勤続年数」を調べてみてください。平均年齢が若い会社は勤続年数も短くなっているはずです。

つまり、「社員の平均年齢が若い＝定着率が低い＝離職率が高い」となります。そのため先ほど説明した通り、避けた方がよいという訳です。

▼理由② 満足な教育が受けられないため

「平均年齢が若い会社は、早くから出世できるので成長スピードが早い」という論調も見受けられますが、そんなことはありえません。そう強調している人は「人は立場によって成長する」と言っておりますが、それはある程度ビジネスパーソンとしての能力を身につけた人に言えることです。とくに若いうちは**「人は人からしか学べない」**と考えてください。

すなわち**上司や先輩から教育されなければ、ビジネス社会に通用する常識や良い習慣を身につけることはできない**、ということです。社員が若いということは、裏を返せば「新人の面倒を見られるベテラン社員がいない」ということであり、ろくに新人教育すら受けられず、現場に放り出されて結果を求められる、と考えて間違いありません。

何度も言いますが、社会人になってから3年が勝負です。そのためには、上司や先輩からの指導・教育が不可欠であり、しっかりと新人を教育できるベテラン社員のいる会社を選ばなくてはいけません。

社員の平均年齢が低いということは、そういう社員がいない、または少ないことを意味しておりますので、自分の将来を考えれば、避けた方がよいと結論づけられるのです。

ベンチャー企業は避けた方がよい

「入社1年目でも大きな仕事を任せられるので、飛躍的に成長できる」
「やる気さえあれば、若いうちから幹部になれる」

これらはベンチャー企業がよく使う売り文句です。しかしこういった言葉に踊らされてはいけません。なぜなら**新卒でベンチャー企業に入社することはハイリスク・ローリターンだから**です。

高校の野球部に例えると分かりやすいかもしれません。もしあなたが将来有望な選手で、強豪校と弱小校の両方からスカウトされた場合、どちらに入学しますか？

強豪校の場合、1年生のうちからレギュラーで活躍するのは、よほどの実力がなければ無理です。試合にすら出させてもらえません。それでも優秀なコーチからしっかりした指導を受けることができますし、練習設備も整っているので、密度の濃い練習を計画的におこなうことができるでしょう。

一方、弱小校の場合、もともと部員数が少ないため、ちょっとした実力があればすぐにレギュラー入りできます。入学直後から試合に出て活躍することも夢ではないでしょう。ところが優秀なコーチがおらず、練習設備も整っていないため、練習は自己流となりがちです。

強豪校と弱小校で、高校を卒業するまでに実力がつくのはどちらでしょうか？考えるまでもなく、強豪校ですよね。そして大企業は強豪校、ベンチャー企業は弱小校に置き換えることができます。

残念なことに、往々にしてベンチャー企業は組織ができておらず、体系立てて教育することが不可能です。新卒者を満足に教育できる優秀な人材もいません。社員は中途採用者が多く、新入社員を満足に指導することすらできません。仮に指導してみたとしても、場当たり的、その場しのぎ的なものに終始しがちです。

結果としてビジネスの基本動作や良い習慣を身につけることができず、あらゆる仕事が自己流となって、その後の成長が見込めなくなります。

教育体制だけではありません。給与水準、福利厚生、企業年金、退職金――大企業に比べれば、トータルでベンチャー企業は劣っています。

さらに、創業10年未満で実に95％の会社が倒産すると言われており、会社の継続性も怪しいと言わざるを得ません。

まさに「ハイリスク・ローリターン」以外の何ものでもないのです。

高校の部活は3年で終わりますので、「楽しい思い出が作れるなら弱小校でいい」という人もいるでしょう。しかしビジネスライフは何十年と続くわけですから、そういうわけにはいきません。とくに吸収力の高い新入社員のうちは、きちんと教育してもらえる環境に身を置くべきです。

一方で「メガベンチャー企業」と呼ばれるベンチャー企業の中でも大手企業の場合は、まったく様相が変わってきます。社員教育に力を入れ、福利厚生もしっかりしている会社もあるでしょう。

では「ベンチャー企業」の中でも避けた方がよい会社をどのように見極めればよいのでしょうか。

ここでは代表的な3つの指標を挙げておきましょう。

①資本金が1000万円未満

ベンチャー企業の場合、主力商材が少ないため景気や市場の動向に経営が左右されがちです。とくに海外製の類似商材が日本市場に上陸した際に、経営に大きなダメージを与え、そのまま倒産、ということも大いに考えられます。

資本金とは会社の体力とも言えます。ちょっとした波風で沈没してしまうような船には乗りたくないですよね？　でしたら資本金が少なくとも1000万円以上の会社を選ぶようにしましょう。

②創業10年未満

先ほども「創業10年未満の若い会社は継続性が危うい」と説明しました。

さらに社内のコンプライアンス体制が整っていないこともあり、知らず知らずのうちに犯罪行為に加担させられていた、という最悪な事態も想定されます。

③採用人数が多い

ベンチャー企業は教育体制が整っていない、と申しました。にもかかわらず、新卒を大量に採用するということは、強引なテレアポや飛び込み営業を強要し、使い潰すことを前提としていると考えて間違いありません。そういう悪質な会社ほど、試用期間を長くとり、安月給で馬車馬のように働かされます。

前述の通り、一般企業では、新卒3年までは戦力と考えておりません。教育コストに一人あたり数千万円を投じております。資本金、売上ともに低い会社が、大量に新卒を採用できるわけがないのです。

目安としては全社員数の10％以上を採用している場合は避けた方がよいでしょう（例えば社員数が５００人の会社が50人以上を募集している場合）。

これらの指標はベンチャー企業に限ったことではありませんので、どの会社を選ぶときにも当てはめてみましょう。

「新卒」は一生で一度しかない大切な権利です。あえてリスクのあるような会社を選ぶ必要はありません。

外資系は避けた方がよい

外資系と言えば、次のようなイメージが先行していることでしょう。

「高収入が期待できる」

「ワーク・ライフ・バランスが日本の企業よりも進んでいる」

当然、会社によっても待遇や福利厚生などは変わってくるでしょうが、確かにそういった傾向は強いかもしれません。少なくとも大手外資系コンサルティングファームの社員は平均年収が２０００万円近くにものぼるため、かなりの高給取りであることは事実です。

しかし新卒で外資系に入ったあと、「最初から日本の企業に入っておけばよかった……」と後悔する人も少なくありません。

ではなぜ新卒で外資系に入ることが推奨できないのでしょうか？

その理由は主に4つあります。

▼理由① 社員教育という概念がないため

まずはっきりと覚えておいて欲しいのは、「海外の企業では即戦力採用が基本」ということです。そのため、大学でもビジネスに直結するスキルを学ぶのが一般的で、日本の会社のように「新卒一括採用」や「ポテンシャル採用」という考え方はありません。

それでも「郷に入っては郷に従え」のことわざ通り、「新卒一括採用」という仕組みは日本の慣習に合わせている外資系企業もあります。

しかし「新人教育」は別です。そもそも本社側に「新人教育の体系」が整っておりません。そのため日本支社でそれをおこなうことは不可能なのです。

外資系企業では「業務に必要な知識やスキルは自分で学校へ行くなりして勉強しなさい」という考え方が基本です。すなわち、**外資系で働くということは、ビジネスの基本が身についているのが前提であり、新卒者には著しく向いていない**、ということになります。

▼理由② 完全な実力主義のため

分かりやすく言えば「成果をあげた人の方が、収入が大きくなる」ということですが、それほど単純なものではありません。

あなたは**「働きアリの法則」**というのを聞いたことはありますか？

10匹の働きアリがいたとして、「とくに優秀なアリが２匹」、「可もなく不可もなく働くアリが６匹」、「まったく成果を出さないアリが２匹」になるというものです。

これはビジネスパーソンにも同じことが言えます。

つまり会社の中で「とくに優秀な成績を収める社員は２割」「可もなく不可もない社員は６割」「まったく成果を出せない社員は２割」となります。

日本の会社ではたとえ成果が出なくても、法律や社則を破らない限りむげに解雇することはできません。年功序列の人事が一般的ですので、毎年基本給は上がりますし、学歴に応じて出世もできるでしょう。

しかし外資系の場合は違います。「まったく成果を出さない社員」は、容赦なく切り捨てられるのです。

私の知り合いで外資系のコンサルティング会社でマネージャーとして働いている人がこんなことを言っておりました。

「成績の悪い20％の社員には何もしません。新商品に関する資料やセールストークの研修などもおこないませんし、本社での重要なミーティングにも参加させません。自力で『可もなく不可もなく』というレベルまで這い上がってこなければ、それまでです。給料も上がりませんので、勝手に辞めてもらうのを待ちます。日本では簡単に解雇できませんからね」

何の実力もスキルもない日本の新卒者が「可もなく不可もなく」というレベルまでたどり着くのに、どれほどの時間が必要だと思いますか？

しかも自力で、です。

そもそもたどり着くことすら難しいと言えましょう。

日本の会社は、日本の大学と同じように、入るのはすごく難しい。しかし、しんどいと言いながらも、続けるのは難しくないし、続いてしまえば天国です。**外資系企業は海外の大学と同じく「入るのは楽だが、入ってからが地獄」**が現実なのです。

▼理由③ 終身雇用という概念がないため

ニュースを見ていれば分かると思いますが、海外の企業では社長すら社内から昇進するのではなく、外部から招聘するのが当たり前です。

社長だけでなく、あらゆるポスト（役職）は空きが出たら、外部から人材を求めます。つまり、「昇進」が日本の企業と比べると圧倒的に少ないと言えましょう。なぜなら「終身雇用」という考え方がないからです。

言い換えれば「転職することが前提」であり、一定の実績をあげた後は、新たなポストにチャレンジするか、身につけたスキルをさらに活かせる職場に移るか、どちらかになります。

しかし日本の企業は違います。「終身雇用」が一般的であり、主要ポストは自社の社員から昇進させます。さらに定期的に昇給もあるのが普通です。

一方で外資系企業の場合は、これらの仕組みがそもそも存在しないため、自分から転職しなければ、ずっと同じポジション、同じ給料のまま働くことになるのです。

そして、目立った成果もあげず、ただ安穏と過ごしている社員に対しては、「退職勧奨」といって、退職を促すことも日常茶飯事であるのを知っておいてください。

もしあなたが外資系に勤めていたとして、ボスに「パッケージ」と呼ばれる特別手当（ボーナスに毛が生えた程度の退職金）を提示されたら、「おまえはクビだ」と言われているものだと考えましょう。

▼理由④　あっさりと日本市場から撤退することもあるため

商品が売れなければお店をたたむのと同じで、外国の市場で見込んでいた売上が達成できなければ撤退するのは当然と言えます。

つまり会社が日本市場から撤退することを決めたら、日本支社がなくなることを意味します。その場合は言うまでもなくリストラされます。

なお日本のリストラでは、「早期退職制度」という名目で退職金が多めに支払われるのが普通ですが、外資には退職金制度のない会社も多く、撤退が決まればびた一文支払われずに解雇されます。

かつて外資系証券会社のリーマン・ブラザーズが倒産した際には、元社員に対して、日系証券会社をはじめとして多くの金融会社からスカウトが殺到したとのことですが、中小の外資系の社員ではそうならないでしょう。

入社してから数カ月後に事業撤退による解雇を通告された、というケースもあるそうです。言うまでもありませんが、そんな目にあっても泣き寝入りするしかありません。

もちろん同じ外資系でも大手企業ほど、日本人の社員も多く、日本の慣習に合わせた雇用形態を採用している傾向にあるでしょう。

しかし根本的な文化の違いがあることに変わりません。

あなたは「退職勧奨」に怯える日々を過ごしたいですか？

安定した職場で働きたければ外資系はやめておいた方がよいと断言できます。

自分に合った会社の選び方

私は自社の社員に対して常にこう言い聞かせております。

「難題は、もつれた糸をほぐす様に一つ一つ解決せよ」


まさに就職活動における会社選びは難題です。

それでも本書の手順に従って、一つ一つ丁寧に調べていけば必ずあなたに最適な会社が見つかると信じております。

ですから労力を惜しまずに取り組んでいただきたいと思います。

では、「自分に合った会社の選び方」について、これまで説明してきた内容をまとめてみましょう。

① **業界を絞り込む**

・親や先輩などの力を借りて、業界の実態を正しく理解する
・「好き」や「憧れ」といった感情を抜きにして、自分に合っていそうな業界を選ぶ

② **業態を絞り込む**

・興味ある業界にどのような業態が存在しているか調べる
・「稼ぐ部門」、とくに営業部門の仕事の内容を把握する
・営業がどうしてもやりたくない人は、「稼ぐ部門」が営業以外の業態を調べる
・好きな仕事ではなく、対処できそうな仕事のできる業態を選ぶ

③ **会社を絞り込む**

・採用実績を確かめたうえで、学歴に合った会社を選ぶ
・待遇面などで優先順位をつけて、エントリーする会社を絞る

選んだ会社が条件にマッチしているかについては【参考：エントリーする前に！「会社選びのチェックシート」】（図④）を参照するとよいでしょう。

図④　参考：エントリーする前に！「会社選びのチェックシート」

会社名	
業界・業態	

以下の条件を３つとも満たしているかチェックしましょう

- □ 業界の実態を正しく把握したか
- □ 「稼ぐ部門」（主に営業部門）の仕事が、対処できそうな仕事か
- □ 会社の採用実績に自分の学校と同じレベルの学校があったか

以下の条件にチェックが多い会社を優先してエントリーしましょう

- □ 基本給が20万円以上である
- □ 同業他社と比べて基本給が高すぎない
- □ 年間休日数が100日以上ある
- □ ３年後離職率が30％未満である
- □ 社員の平均年齢が30歳以上である
- □ 資本金が1000万円以上である
- □ 創業10年以上である
- □ 募集人数が全社員の10％未満である
- □ 外資系企業ではない

【コラム①】人事をだますのはいとも簡単。押してダメなら引いてみな

エントリーが終われば、いよいよ選考の開始です。

私も経営者として新卒採用に携わりますが、みな同じようなエントリーシートの内容、同じような面接の受け答えばかり。よく指導されているなと感心します。逆に言えば、そのレベルまで洗練されていないと落とされるのでしょう。

エントリーシートや履歴書の書き方、会社訪問時の身だしなみ、グループディスカッションの振る舞い方、面接での受け答え——様々なテクニックを身につけなくてはなりません。しかし本書の主題は「あなたに合った会社の選び方」ですから、それら選考のテクニックについては割愛します。就職支援センターの方に相談したり、他の就活本で勉強するとよいでしょう。

ただ一つ言えるのは、「自分のレベルに合った会社であれば、よほど大きなへまをしない限り順調に選考は進む」ということです。ただし、最終に近くなるほど、会社と学生の駆け引きが激しくなります。

会社としては確実に入社してくれる学生に内定を出したい。一方、学生としては様々な会社から内定をもらいたい。

はたして内定を確実にもらうにはどうしたらよいのでしょうか?

そこでここでは「番外編」として、最終面接に近くなったら、人事が必ずおこなう「2つの質問」への対処方法をお教えしましょう。

その「2つの質問」とは次の通りです。

「今ほかに受けている会社はありますか?」

「第一志望の会社はどこですか?」

これらの質問は、あなたに対して内定を出そうか迷っている時に使われます。的確に答えることができれば、内定を勝ち取ることは確実です。しかし答え方を間違えると内定を取り逃すことにつながりかねません。

では、この場合、どう答えたらよいのでしょうか？

「ほかに受けている会社はありません。御社だけを志望しております」と答えて、熱意があることを示しましょう——多くのハウツー本や就活支援サイトにはこんな風に書かれているでしょう。

しかしそれは間違いです。なぜなら人事は「この人はしばらく放っておいても平気だろう。他に優秀な人がいないか探すのが先決だ」と考えるからです。

「面接は恋愛と同じ」です。古典的な恋愛テクニックとして「押してもダメなら引いてみな」などがありますが、まさに面接にも当てはまります。つまりあなたが追えば会社は逃げるし、あなたが逃げれば会社は追いかけてくるものなのです。

それは内定辞退率（内定を出した人が入社を断る確率）が60％を超えているという現実からも見てとれます。

すなわち3人に内定を出しても2人から辞退されてしまうのですから、少しでも優秀な人材に対しては「迷っているなら、とりあえず内定を出して確保しておこう」と考えるのは当然の流れと言えます。

つまり「熱意のある人だけに内定を出そう」と悠長なことを考えていたら、優秀な人材を取り逃がしてしまうわけです。就活生がその現実を逆手に取らない手はありません。

先の質問に対しては、**「(同業他社の)○○などを受けており、まだどの会社にしようか迷っております」**と答えるようにしましょう。そうすれば、人事はあなたに内定を出さざるを得なくなるのです。

言うまでもなく、会社にとってあなたが「追いかけるのにふさわしい人物」であることが前提ですが、当落のライン上であればまず間違いなく追いかけてきます。もし追いかけてこなかったら、縁がなかったということです。きっぱりとあきらめて次の会社へ気持ちを切り替えましょう。

第4章

入社後10年、20年を見越して会社を選べ

テレワークは成長の機会を奪う罠

新型コロナウイルス感染症の流行に終息の兆しが見える中、楽天、GMOインターネット、ホンダなどの名だたる大企業をはじめ、**多くの企業がテレワークから出社勤務に切り替えはじめています。**なぜなら**テレワークには致命的なデメリットが数多く存在する**からです。

アメリカのテスラ社のオーナーでTwitter社（現・X社）を買収したことでも有名なイーロン・マスク氏は、テレワークでは生産性が落ちると主張し、社員に対して原則出社を要求しました。Googleでも週3日は出社することが義務付けられているほか、AppleやMicrosoftなど世界的に有名な企業も同様に、週数日程度は出社勤務に戻しています。

その一方で入社する会社の条件の一つに、「テレワークができること」を挙げる就活生は後を絶ちません。

テレワークであれば通勤時間がなくなり、プライベートが充実する。自宅などの慣れた空間で、周囲の目を気にすることなく、快適に仕事ができる……など、SNSやメディアでは聞こえが良いメリットばかりが並んでいます。

それらの情報に感化され、テレワークに強い憧れを抱いてしまっても仕方のないことです。しかしテレワークの実態は、あなたたちが思い描くほど甘くはありません。

はっきりと断言しておきますが、**テレワークは新入社員や入社数年の若手社員にとっては百害あって一利なし**です。ですから、入社前からテレワークへの憧れが強すぎると、あなた自身の未来を自分の手で閉ざすことになります。

ここではその理由をいくつか挙げておきます。

一つ目に、**「上司や先輩からタイムリーな指導が受けられない」**という点です。

学校のテストでは80点、90点であっても「優」が貰えます。しかしビジネスは違います。80点、90点の仕事では商売になりません。売上を上げることはおろか、クレームを貰うことになるでしょう。つまり、常に100点満点か、それ以上でなければいけないのです。

したがって、ビジネスの世界では100点が取れるようになるまで、正確な指導を受けねばなりません。すなわち、上司や先輩がやってみせて、新入社員はそれを真似てやってみる。そして上司や先輩からその場で指摘を受ける――このプロセスを何度も何度も繰り返すことで、ようやく一つの仕事を身につけられるのです。

料理を例にしてみれば分かりやすいかもしれません。Webで公開されているレシピや動画を参考にしながら作るよりも、料理の先生に直接教わりながら作った方が、早く確実に上達しますよね。仕事もまったく同じなのです。

現に私の経営している会社では、ベテラン社員が若手社員の真横にピタリとつき、手取り足取り指導しています。そうすることで若手社員は正しい仕事のやり方を最短距離で覚えることが可能となります。

テレワークでは上司や先輩がいつでも隣にいるわけではありません。ですから、どうしても「放任主義」に陥りがちです。すなわち、「とりあえずやってみなさい」と仕事を振られて、右も左も分からないまま、自分なりに工夫して進めていかざるを得ないわけです。そうして成果物に対して、上司や先輩から「もっとこうすればよかった」と評価を受けることになるでしょう。

そんなことを繰り返せば、**成長が遅くなるだけではなく、仕事を間違った方法で身につけることになってしまいます。**それでは厳しいビジネス社会で通用する人間に成長することはかないません。そして、一度でも完璧ではない仕事の進め方を身につけてしまうと、その後どれだけ時間をかけても修復が不可能になってしまうことも、覚えておいてください。

次に**「コミュニケーションの質と量が落ちてしまう」**という点です。

日本では昔から「目は口ほどに物を言う」と言われていますが、アメリカでは次のような研究結果があります。

心理学者のアルバート・メラビアンが、１９７１年に提唱した「メラビアンの法則」と呼ばれるものです。この研究によれば、コミュニケーション全体で伝わる情報量を１００％とした場合、文字などの言語情報が伝える割合はわずか７％で、口調や視線などの非言語情報が伝える割合は93％もあるそうです。つまり言語だけでは、コミュニケーションは成立しない、ということを意味します。

チャットやＬＩＮＥのやり取りからでは「冷たい人だ」という印象をもっていても、実際に会ってみると印象が１８０度変わった、というのはよくある話で、あなたも体験したことがあるのではないでしょうか。

オンライン会議であっても声だけしか聞こえない場合が多く、仮にカメラで顔を映していても視線が合うことはまずありません。

とくに上司や先輩からの文字だけの指示は冷たく感じられがちです。相手のことをよく知らない新入社員が畏縮してしまうのは仕方のないことだと思います。人間関係を構築していない相手と文字だけで質の高いコミュニケーションができるわけがないのは、想像に難くないでしょう。

それから、私の経営する会社の若手社員からテレワークについて、こんな意見もありました。

「上司の様子が分からないので、『今は忙しいだろう』と勝手に考えてしまい、相談することをためらいがちになっていました」

程度の差こそあれ、テレワークをしているすべての人が、同じ状況にあると考えて間違いありません。これでは上司や先輩とのコミュニケーション回数が減ってしまうのは当然です。業務にまつわる必要最低限の報連相しかできず、ちょっとした雑談すらできなくなるでしょう。

このようにテレワークではコミュニケーションの質と量が落ちてしまうため、**上司や先輩との信頼関係を築きにくくなってしまう**のです。

最後に**「孤独を感じやすいこと」**が挙げられます。

内閣府のおこなった調査によると、「テレワークで不便な点」として30％以上の人が「社内での気軽な相談・報告が困難」、「画面を通じた情報のみによるコミュニケーション不足やストレス」と答えています（2022年7月、内閣府「新型コロナウイルス感染症の影響下における生活意識・行動の変化に関する調査」より）。

実際に私のところにも、テレワークをしている社員から「孤独感がある」という意見が多く寄せられています。**孤独感が強くなればなるほど、ストレスも大きくなります**から、**体調に異変をきたす恐れ**が生じてしまいます。

新入社員のうちからテレワークをしている人の中には、同僚の顔すら知らないという人もいます。当然、気の置けない同僚などできるはずもなく、ちょっとした雑談で息抜きすることすらできませんから、なおさら深刻な問題と言えるでしょう。

ここまでテレワークのデメリットばかりを挙げてきましたが、もちろんメリットになるシーンもあります。

例えば、子育てや家族の介護に忙しい方々にとっては、テレワークをすることでプライベートと仕事の両立をはかれるでしょう。私の経営する会社でも、このような事情を抱えている社員についてはテレワークを認めています。

それでも、自分一人で仕事ができることが前提です。**他人から多くのことを教わらなければ仕事をこなせない人にテレワークを認めてしまうと、本人のためになりません。**そのことはこれまでの説明でよく理解できたかと思います。

テレワークでは強い孤独感とストレスから、会社の目を盗んではＹｏｕＴｕｂｅなどで動画を観たり、スマホのゲームにうつつを抜かすなど、サボり癖がついてしまう人が多いのが実情です。

端的に言えば、テレワークはサボり癖の温床です。

新入社員のうちからサボり癖がついてしまったら、もう二度とその癖は抜けません。そうなれば長いビジネスライフが苦痛になるのは目に見えています。

何事も最初が肝心です。

ビジネスでは新卒後の3年で身につけたことは、一生変わりません。

その自覚をもとに、**新入社員のうちは一つでも多くのことを身につけられる環境に身を置くべき**だと、私は考えています。

テレワークがそのような環境とは、口が裂けても言えないのです。

成果主義に騙されるな

成果主義だと頑張った分だけ給与や昇進に反映されるから、とてもやりがいがある——そのような言葉に乗せられて、成果主義をうたっている企業を希望する就活生も少なくありません。

その成果主義とよく対比されるのが「年功序列」といって、入社年数や年齢に応じて待遇が決まる制度です。１９９０年代のバブル崩壊まで多くの日本企業が年功序列の評価制度を採用していました。令和の現在でも、業界を問わず大企業の多くが年功序列制度を守っています。

確かに年功序列が完璧な評価制度だとは言えません。しかし、**「うちの会社は年功序列ではなく成果主義だからやりがいがある」という、もっともらしい謳い文句に騙されると痛い目にあう**ことを、しっかりと理解しておいてください。

成果主義のもっとも大きなデメリットは、社員が個人主義……いわゆる「ミーイズム」に走ってしまうことです。「ミーイズム」とは、「自分さえよければ他人のことなどどうでもいい」という考え方です。

言うまでもありませんが、成果主義の会社ではノルマが与えられます。ノルマは自分の評価に直結するから、「何がなんでもノルマを達成してやる」とやっきになるのは目に見えています。そうでなくても、ノルマを達成できなければ上司から程度の差こそあれ、厳しく叱責されます。それを何としても避けようと血眼になってノルマを追うのも自然の流れと言えましょう。

したがって、**無意識のうちにノルマを達成することだけを考えるようになります。**具体的には次のような行動となってあらわれます。

・契約させるまで何度も電話するなどの強引な営業を繰り返す
・お客様にとって不必要であっても高額なプランだけを提案する
・同僚のフォローや、書類整理などのノルマに直結しない仕事をやりたがらない
・自分のノルマ達成のために、同僚の顧客を横取りする
・少しでも成績を良く見せるために虚偽の報告をする、など

　中には**ノルマが厳しいあまりに、社員が不正行為に走ってしまい、社会問題にまで発展するケース**もあります。

▼大手旅行会社

　かつては就職人気企業ランキングの常連だった大手旅行会社が、新型コロナウイルス関連の委託事業で86の自治体に最大約９億円を過大請求していた事件が発覚。厳しいノルマを課せられていた各支店が目標達成のため不正に走ったことが原因と見られている。

▼ビッグモーター

　事故車両の修理による収益として整備工場に1台当たり14万円前後のノルマを課していた。修理担当者は、靴下に入れたゴルフボールを叩きつけるなどして車をわざと傷つけて修理費を水増しし、保険会社の不正な請求を繰り返していた。

▼かんぽ生命

　無理なノルマを営業職員に課すことが常態化。営業職員は情報に疎い高齢者に不利益になる契約を結ばせた。その結果、二重の保険料支払いが７万５千件、不適切な契約乗り換えが２万６千件、保険料支払い拒否が３千件など、２０１９年だけでおよそ20万件もの不適切な契約が明らかとなった。その後、事態が落ち着いたとみるや2023年にノルマが復活している。

▼外資系IT企業

完全な成果主義で、営業成績で給料が決まる企業が多いうえに、全世界にある支社のうち、営業成績が下位10％内外の社員は解雇の対象となるケースも存在するのが実情。さらに、ノルマの通貨がドルであることから、長引く円安により実質的なノルマ額が跳ね上がる。また、IT不況になれば容赦なくリストラを敢行するのも特徴。2022年から2023年にかけて、GAFA（Google、Apple、Meta、Amazon）では全世界で5万人以上が人員整理された。

この他にも挙げればきりがありませんが、**様々な業界で厳しいノルマが常態化し、多くの若いビジネスパーソンを苦しめています。**

新入社員のうちからノルマに追われていれば、短期間で相応の営業力は身につくかもしれません。しかし、協調性や思いやりなど、人として大事にしなければならない姿勢を欠くことになるのは明白です。しかも本人に悪気がまったくないのが厄介なところです。そして、入社後3年で身につけた姿勢は、先ほどから話している通り、一生直りません。つまり

「ミーイズム」が体に染みついてしまうのです。

私は40年以上経営者を続けてきましたが、「ミーイズム」が体に染みついてしまった若者を何人も見てきました。ですが、誰一人として幸福なビジネスライフを送れていません。

それもそのはずです。会社は一人の成績だけで成り立っているわけではありません。様々な部門があり、多くの人々が関わり合って成り立っているのです。自分のことだけしか考えられないような、**視野が狭く、包容力のない人間がビジネスの世界で成功するはずがない**わけです。

それは社会全般でも同様のことが言えます。他人を思いやれない、いつも自分の利益になることでしか行動しない人間が幸せな人生を送ることができると思いますか？

なお私の経営する会社では、ノルマは一切設けていません。

良い成果は正しいプロセスから生まれるものだという信念のもと、正しいプロセスを遂行できているかという点と、人として、プロのビジネスパーソンとして相手から信頼されるような正しい姿勢を身につけられているかという点を人事評価の基本としています。

若手のうちに、人としての大事な基本姿勢を身につけてほしいという切なる願いからそのようにしているのです。誰からも愛される人間だからこそ、お客様から強い信頼を得て、結果として会社に大きな利益をもたらすことを、私は信じています。

社会人になれば、人生の多くの時間を仕事に費やすことになります。普通の会社員であれば、1日に8時間以上を会社で過ごします。そう考えれば、会社で身につけた姿勢が、仕事のみならず、自分の人生そのものに大きな影響を与えることは容易に想像がつくでしょう。

ですから会社を選ぶ際は、**安易に「成果主義だから良い」と考えず**、ノルマはきつ過ぎないか、数字だけで待遇が決まっていないか、などの**評価制度をしっかり見極めましょう。**

あなたの人生は、あなたが入社する会社の風土によって左右されると言っても過言ではないのです。

フレックスタイム制は新入社員には向かない

フレックスタイム制とは、簡単に言えば、出社時刻と退社時刻を自分で自由に決められる制度のことです。

例えば「出社は午前8時から午前11時までの間に、退社は午後5時から午後9時までの間でおこなうこと」といったようにルールが決まっています。さらに言えば、その日の労働時間も自由で、毎日8時間働く必要がありません。例えば、月曜と火曜は6時間働き、水曜と木曜は10時間働くといったことも可能なのです。

どんな仕事も繁閑はありますから、忙しい時には長く働き、暇な時は早く帰る、といったコントロールができるわけです。

子どもを学校に送り出してから出社する、といったように、ワーク・ライフ・バランスをとりやすいのが特徴と言えましょう。また出社時刻を遅らせることで、朝の通勤ラッシュから逃れられるのも利点の一つです。

近頃はフレックスタイム制を希望する就活生が増えてきました。「柔軟な働き方が魅力的だ」という触れ込みに感化されているのは一目瞭然です。

しかし私は**新入社員のうちからフレックスタイム制で勤務することを推奨しません。**

ここで私の知り合いで、フレックスタイム制の会社に入社した新入社員Aさんの例を挙げてみましょう。

彼が入社したのは、朝11時までに出社、夜は10時までに退社すればよいという会社でした。朝ゆっくり出勤できるので、通勤ラッシュに巻き込まれることもなく心身ともにストレスフリーな毎日。さらに、夕方に予定があれば早めに退社できるのも魅力的だと感じていたそうです。

しかし良かったのは最初だけでした。

出社・退社時刻を自分で決めるということは、自分で仕事の配分をすべて決めることを意味します。しかし、全体の仕事の流れすらよく分かっていない**新入社員がそんなことをできるはずもありません。**

それはAさんも同じでした。命じられた仕事を期限までにこなすことができず、たびたび上司から叱責されるようになります。

先輩社員に指導を受けようとしても、そもそも仕事の時間が合いません。満足なコミュニケーションが取れずに、教育を受けることすらままならない日々が続きます。

そのような状況が、本人も気づかないうちに大きなストレスになっていたのでしょう。徐々に時間にルーズになっていったそうです。簡単に言えば、朝起きようと思っても起きられない。毎日朝11時に出社することが常態化し、必然的に夜遅くまで働くはめになっていきます。

ついに心身に不調をきたして退職。しかし朝早く起きられない習慣は抜けきらず、普通の会社に転職できないまま無職の状態が続いてしまったとのことでした。

先に述べた通り、入社後3年で身につけた習慣は直りません。ですから時間にルーズな癖がついてしまったらもう終わり。それ以降、普通の会社勤めはできずに転落の人生を歩むことになるのは目に見えています。

さらに、上司とのコミュニケーションが取りづらくなるだけではなく、満足な教育が入社直後から受けられないため、サボり癖やごまかす癖などの悪い習慣が身についてしまい、一生直ることはありません。

だから**新入社員のうちからフレックスタイム制で働かない方がいい**と考えているのです。

フレックスタイム制が向いているのは、自己管理能力をしっかりと身につけた人だけでしょう。

人は弱い生き物です。楽な方に必ず流れます。

だからこそ、**自己管理能力をしっかりと身につけるまでは、楽のできる環境に身を置いてはいけません。**

ワーク・ライフ・バランスを「自分が楽できる働き方」と勘違いしている若者がなんと多いことか。その考え方こそが、あなたのビジネスライフの可能性を潰す要因になることを、今のうちから知っておいてください。

リスクと安定性のどちらを取るかは君次第

本書の手順に従って自分に合った会社にエントリーし、無事に選考を終えれば、高い確率で内定を貰えるはずです。

中には「大手企業と中堅企業の両方から内定をもらったが、どちらに入ればよいか」という選択を迫られる人もいるでしょう。

現実的に言えば、下位校出身であっても一流企業や大企業に入社する人がいる一方で、大学のランクよりも低い銘柄の企業に入社する人もいます。私はこの現象を**「2対6対2の法則」**と言っております。

すなわち**「全体の2割の学生が自分の大学よりもランクの高い会社に入り、6割は分相応、残りの2割はランクの低い会社に入る」**ということです。

では、「入社する会社」をどのように選べばよいのでしょうか？

就活サイトなどでは「もう一度自己分析をしましょう」などと書かれておりますが、正直言って時間の無駄なのでしない方がいいでしょう。なぜなら**「入る会社」の選び方は、人それぞれで、正解がない**からです。

それはちょうど「日帰りの山登り」に似ております。

歩きやすいように道が整備されており、坂も緩やか、しかし1日では山の中腹までしか登ることのできないルート。

道は険しく、坂も急、それでも頑張り次第では1日で山頂までたどり着けるかもしれないルート。

あなただったらどちらを選びますか？

「無理をしたくないから、緩やかなルートの方がいい」という人もいれば、「山登りするなら多少きつくても山頂に立ちたい」という人もいると思います。この選択に対して正解・不正解を他人が評価するものではありません。

なぜなら選択する人の価値観によって答えが左右されるからです。

とは言っても、何の基準もなければ検討のしようがありませんよね。

一般的に大企業と中小企業で違いが出るのは「出世」「福利厚生」「安定性」「転勤」の4要素です。具体的な違いは【参考：10年後、20年後を見越した会社選びのチェックポイント】を参考にしてください。

これらの中でももっとも大きな違いがあらわれるのが「出世」です。

簡単に言えば、**「大企業では学歴によって出世の限界が決まっているが、中小企業の場合は頑張り次第でいくらでも出世できる」**となります。

・出世をあきらめて、安定性の高い大企業を選ぶ
・リスクは高いが、出世の可能性がある中小企業を選ぶ

どちらを選ぶかはあなた次第です。

■参考：10年後、20年後を見越した会社選びのチェックポイント

①　出世

会社によって役職の種類や数は異なりますが、一般的なものは次の通りです。

・社長
・取締役

・執行役員
・本部長、事業部長
・部長
・課長
・係長

肩書だけが異なって仕事の内容はたいして変わらないだろう、と考えるのは大間違いです。大企業ほど役職によって仕事の内容や求められる成果が明確に分かれております。

一方の中小企業では、従業員が少ないため、一人で複数の役割をこなさなくてはいけません。そのため、昇進しても仕事の内容や求められる成果が以前の役職の延長線上にある傾向が強いと言えます。

よって出世に求められるものが異なるのは当然で、大企業では「人物（学歴、役員や上司との関係など）」で、中小企業では「成績」に比重が置かれやすいのです。

また、大企業ほど「学歴」に応じて出世の限界があることも知っておかねばなりません。例えば、一流企業の多くは、学歴が低ければ、どんなに優れた人物であっても「部長止まり」となります。さらにこれを言っては身も蓋もない話かもしれませんが、大企業で出世するには、上司との相性など「運の強さ」も非常に重要です。

つまり、会社を選ぶにあたって「出世」を重視するならば、「学歴」や「運」に左右されにくい「中小企業」を選んだ方がよいということです。

その一方で、「出世はあまり考えていない」という人もいるでしょう。現代では「ワーク・ライフ・バランスを重視する」など、働き方に対する考え方が多様化した時代ですから、そう考えるのは別に悪いことでも何でもありません。厚生労働省の調査によると、大企業の社員の方が、中小企業の社員よりも平均年収が高い傾向にあります。もちろん中小企業でも部長や役員まで出世できれば、大企業に入って出世が頭打ちになった人よりも年収は高くなるでしょう。それでも生涯年収はさほど変わりません。

また後述しますが、「福利厚生」や「会社の安定性」においても大企業の方が優れているのは否めません。

つまり、「出世」を重視しない人であれば、「大企業」を選んだ方がよいと言えます。

現実的に言えば、どの会社に入っても、**課長まで出世できるのは全体の20%、部長までは10%、役員までは1%**です。そのため、10年後、20年後のキャリアプランを練ったとしても、**目指したポジションまで出世できるとは限らない**ことを忘れないようにしましょう。

② 福利厚生

福利厚生を重視した方がいい――多くの就活本にそう書かれています。

しかし、もっとも重視すべきは「仕事の内容」であることを見失ってはいけません。「今の自分」と「10年後、20年後の自分」にとって本当に必要な福利厚生が整っているか――それだけをチェックすればよい、と私は思います。

とは言え、世間一般にどのような福利厚生があるのか知らなければ、本当に必要なものが整っているかどうか確認することはできませんよね。ここでは代表的なものだけを挙げておきましょう。

そもそも福利厚生には「法定福利厚生」と「法定外福利厚生」の2種類あります。「法定福利厚生」は、「健康保険」「厚生年金」「雇用保険」「労災保険」など国から定められたものであり、実施しなければ違法となりますので、どの会社でも必ず制度が存在しているはずです。

一方の「法定外福利厚生」は、会社が任意で定めるものです。一般的に「福利厚生が充実している」と言えば「法定外福利厚生が充実している」と考えてよいでしょう。

また「法定外福利厚生」を充実させるほど会社の負担が大きくなりますから、大企業ほど

「法定外福利厚生」に力を入れることができるのは想像に難くありませんね。厚生労働省の調査によると、大企業では社員一人あたり月に９千円程度、中小企業では月に４千円程度の費用をかけているそうです。つまり**大企業の方が中小企業よりも福利厚生が倍以上充実している**、ということになります。

では具体的な「法定外福利厚生」の種類を見ていきましょう。

・住宅手当、家賃補助、社宅などの「住宅」
・健康診断の補助、予防接種の補助などの「健康・医療」
・出産祝い金、傷病手当などの「慶弔」
・テレワーク補助、業務に必要な資格取得の補助などの「業務」
・財形貯蓄制度、社員持ち株制度などの「財産形成」
・セミナー参加費負担、資格学校の費用補助などの「自己啓発」
・サークル活動支援、娯楽施設の割引などの「文化・レクリエーション」
・社食、ランチ代補助などの「食事」
・リフレッシュ休暇、アニバーサリー休暇などの「休暇」
・産後休暇、育児休暇、時短勤務制度などの「育児・介護」

この他にも会社によって様々な制度を設けています。

中にはとてもユニークなものもありますので、目移りしてしまう人もいるでしょう。

ただし、先ほども申しあげた通り、福利厚生を確認するうえで大事なのは「自分に必要な制度が整っているか」です。いくら制度が充実していても、利用しそうにないものばかりだと何の意味もありません。

この際だから断言しておくと、**他社にはないユニークな制度は「就活生やマスコミへのアピール」の意味合いが強い。**本当に従業員のことを考えて設けられた制度なのか、と疑問を感じざるを得ないものも数多くあります。

「健康診断の補助」「インフルエンザ予防接種の補助」「産後休暇」「育児休暇」の4つはあってしかるべき。不動産販売など、特定の国家資格が業務上で必要な職種では「資格取得の補助」もあるとよいと思います。

その他の制度については、「今、10年後、20年後に必要になりそうか」をしっかり見極めてください。**利用するかどうかも分からない福利厚生ばかりが充実していたとしても、肝心の基本給が低かったり、仕事の内容が自分に合っていなければ、制度を利用する前に辞めてしまうことになる**のは火を見るよりも明らかです。

③ 会社の安定性

たとえ出世できたとしても、会社がつぶれてしまったら何の意味もありませんよね。10年後、20年後を見越したうえで、倒産しない会社を選ぶことはとても大切なことです。しかし、先述の通り、会社や業界の将来性を見通すことは非常に難しい。だからどんな会社に対しても「未来永劫安泰だ」と言い切ることはできません。

それでも目先の安定性ならば、ある程度見通すことはできます。その際の主なチェックポイントは次の通りです。

▼自己資本比率

「資本」とは大雑把に言ってしまえば会社が経営に利用できる資金のことです。ガソリンがなければ自動車は動きません。それと同じで会社は「資本」がなければ経営が立ち行かなくなってしまいます。だからと言って「会社のホームページに『資本金1億円』とあったから大丈夫そうだ」と安易に考えてはいけません。なぜなら資本は「自己資本」と「他人資本」に分かれているからです。

「自己資本」とは誰にも返済する必要のないお金で、「他人資本」とは簡単に言えば借金です。「資本金1億円」のうち「他人資本（借金）が9千万円」だったら安泰と言い切れませんよね？　逆に言えば「自己資本」の割合が高ければ、その会社の経営は安定している、と言ってもよいでしょう。

「自己資本÷総資本（自己資本＋他人資本）×100＝自己資本比率」

この計算式の結果が「40」を超えれば、経営状態は健全とされております。上場企業であればホームページの「ＩＲ情報」から「財務諸表」で分かりますが、上場していない会社についてては直接確認するしかありません。

▼設立年数

創立１００年以上の会社が世界でどれくらいあるか想像がつくでしょうか？　日経ＢＰ社によるとおよそ８万社あるそうです。なんとそのうち４割以上が日本の会社だというから驚きです。創立２００年以上の会社に限って言えば、世界にある企業の６割が日本企業だそうです。

二つの世界大戦、バブル崩壊、リーマンショック、コロナ禍――。様々な経済の荒波にも負けず、存続しているのには必ず理由があります。会社の安定性を重視するならば、設立年数は長いに越したことはありません。

▼取引先企業

会社同士の取引の際には必ず「与信調査」があります。つまり「この会社とは取引しても大丈夫そうだ」と判断されなくては、取引してもらえません。

もしあなたが高級腕時計を買うとしたら、「怪しげな露天商」と「百貨店内のブティック」のどちらから買いますか？　多少値が張っても「百貨店内のブティック」ではないでしょうか。数百円程度の買い物であれば購入先はあまり問わないが、高い買い物ほど相手を吟味することでしょう。

それは会社同士の取引でも同じです。そのため取引しようとしている相手の経営状態を厳しくチェックするのは当然です。つまり、**複数の一流企業と取引しているということは、それらの会社から「大丈夫そうだ」とお墨付きを得ている**ことを意味しており、経営が安定している証と言えます。

これらの他にも様々な指標がありますので、興味のある人はインターネットなどで調べてみるとよいでしょう。少なくともこの３つの指標を比較してみて、明らかに優れている会社については、入社してからすぐに倒産するような憂き目にあう確率は著しく低いと言えます。

④ 転勤

結婚、出産、子育て、家族の怪我や病気、親の介護――歳を重ねるにつれて、様々なライフイベントが待ち受けております。

若いうちはあまり想像がつかないと思いますが、いざそれらのライフイベントに直面した時に、「どの場所で働いているか」というのは非常に大きな要素となります。

例えば、あなたに介護の必要な父母がいるとして、会社から「海外転勤」を命じられたらどうしますか？

会社によっては、社員の家庭の事情を考慮して人事をしてくれるでしょう。しかし、会社はあなた一人のためにビジネスを回しているわけではありません。とくに総合職として採用されたからには、転勤の要請を受けなくてはいけません。

海外に支社があるような会社では、中堅社員を「海外支社長」として任命することが一般的で、任期は短くとも5年、長ければ10年以上にもなります。

全国展開をしているチェーン店であれば首都圏の店舗のみで働けるとは限りません。時には地方の店舗に配属されるケースも出てくるでしょう。

このように10年後、20年後を見越すならば「転勤」は避けて通れない道と言えます。その一方で、まったく転勤がない会社もあります。

では転勤の有無を見極めるにはどうしたらよいのでしょうか？

ここでは転勤が頻繁に発生する会社の特徴のうち、代表的なものを3つ挙げておきましょう。

・店舗、工場、支社を全国や海外に展開している
・海外や地方でビジネスをおこなっている
・取引先（顧客や調達先）が地方や海外に存在している

これらの条件からも想像がつく通り、**大企業ほど転勤が発生しやすい**と言えます。また、業界によっても大きく左右されるのも分かるでしょう。具体的に言えば、「商社」「メーカー」「ゼネコン」「メガバンク」などの業界では、間違いなく転勤が発生すると考えてください。一方で、「ＩＴ」「地方銀行」「鉄道」などは、大手企業であっても転職が発生しづらい業界です。

「海外や日本全国を飛び回る会社に入りたい」
「結婚、子育てなどを考えて、なるべく転勤が少ない会社がいい」

どちらが正解とは言えません。あなたの将来設計次第です。

【コラム②】美大生は就職先をこう選べ

ここからは美大生の就職活動についてお話ししていきましょう。

大学受験パスナビによると、東京藝術大学の美術学部で２０２０年卒の就職率は30％を切っております。就職率が高いとされている多摩美術大学ですら55％程度。

２０２０年卒の大学生全体の就職内定率である69・８％と比較すると、美大生の厳しい就職活動が浮き彫りになります。

では、美大生はどのようにして就職先を選べばよいのでしょうか？

私の会社には多くの美大卒の社員が働いております。

そこで、美大卒社員のうち「Ｗｅｂデザイナー」や「Ｗｅｂプランナー」として働いている４人に就職活動の実体験を聞いてみました。その内容に基づいて、美大生が就職先を選ぶにあたって、注意しなくてはならない点を説明していきましょう。

■美大生であろうと、大学で学んだことは実際の仕事では使えない

「周囲の友達のうち『就活に苦労しているなぁ』と感じたのはどんな人だったか?」

という質問に対し、次のような答えが返ってきました。

「職種にこだわりを持っていた人」

美大を出たからにはデザインの仕事ができる会社に入りたいと思うことは、当然なのではないか? そう感じた人も多いでしょう。

しかし就職活動を控えている美大生のみなさんに是非、覚えておいて欲しいことがあります。それは**「大学で専攻したデザイン学は、実際の仕事においてほとんど使い物にならない」**ということです。

そのため「自分はグラフィックデザインを学んできたから、グラフィックデザイナー以外の選択肢は考えていない」と決め打ちしても、何もいいことはありません。

その一方で、**美大卒者はデザインのポテンシャルが他の学部出身者よりも優れていることは確か**です。つまり「**クリエイティブな職種全般を視野に入れる**」くらいに**選択肢を広げれば、就職先が見つかる可能性が飛躍的に向上**します。

現に「私はあっさりと会社が決まったので、就活で苦労したことはありませんでした」と答えた人は、「在学中に様々な分野の勉強をしたことで関心のある分野が広がっていたので、就職活動の際に会社が選びやすかった」と言っておりました。

大学の専攻を基準にして、希望職種を絞るのは自分の可能性を狭めてしまうこととイコールです。そんな必要はありません。自分のポテンシャルを信じて、広く情報収集をするようにしましょう。

■クリエイティブな職種にこだわらなくてもいい

すべての法学部出身者が弁護士や検察官になるわけではありません。
すべての経営学科出身者が経営者になるわけではありません。
すべての理系出身者が研究者やエンジニアになるわけではありません。

にもかかわらず、美大生がクリエイティブな職種にこだわるのはなぜでしょうか？

「大学の就職支援センターに貼り出される求人票がクリエイティブな職種ばかりだから、そういう仕事に就くものだ」

多くの学生がそう思っているでしょう。実際に私の会社の美大卒の社員も同じようなことを言っていました。しかし、**美大生だからといってクリエイティブな職種に就かなければならない、というルールはどこにも存在しません。**

先述の通り、大学で学んだことがビジネス社会で活かせないのは美大卒も同じです。総合職採用で重視されるのは「学歴」と「コミュニケーション能力」。とくに「コミュニケーション能力」が高ければ、多くの会社で総合職として採用される可能性は十分ある、と考えて間違いありません。そして入社さえしてしまえば、たとえ総合職採用だとしても、クリエイティブな仕事が回ってくるチャンスは訪れるものです。

とある美大卒者の例を挙げてみましょう。

就職活動をはじめた当初、彼女はクリエイティブな職種の求人だけに応募していましたが、いずれも落ちてしまいました。そこで一般企業の総合職の求人に方針転換したところペット用品の開発・販売をしている会社からの内定を勝ち取ります。

入社したての頃は、他の総合職採用の同僚と同じように、販売員として店頭に立っていました。ところがすぐに高いデザインセンスが認められるようになります。そして入社してから半年後には、イベント会場のレイアウトや商品パッケージのデザインを任されるようになったのです。

総合職で採用された場合、例に挙げた彼女のように「デザインを作る部署」に配属されるとは限りません。それでも**美大生が培ってきたデザインセンスや創造力が発揮できるシーンは、どの会社でも必ずあります。**実際にどのような仕事を任されるかについては、大学のOBで総合職として就職した人がいれば、積極的に話を聞いてみるといいでしょう。

ただし、総合職採用の求人に応募する場合、一点だけ注意せねばならないことがあります。

それは「学歴」です。

すなわち一般の学校と並列で比べられます。そのため美大の上位校出身であっても、大手企業への就職は非常に難しい。それでもクリエイティブな職種のみに限定するよりは、間口が広くなるのは間違いありません。

■美大にも学歴フィルターがある

「周囲の友人のうち『なかなか就職先が決まらなかった人』はどんな人だったか？」

という質問に対しては次のように返ってきました。

「大手広告代理店など大手企業ばかりを受けていた人」

大手広告代理店に就職するのは非常に難しい。ただでさえ狭き門なのに、多くの美大生の応募が殺到するからです。大手広告代理店に限らず、有名なデザイン事務所や、プロダクトデザイン部門のある大手メーカーでも同じことが言えます。

大手企業の求人を追いかけているうちに時間だけが経っていき、気づいた頃には中小企業の求人すらなくなっていた――そういう人が多いのではないでしょうか。

彼らに共通しているのは「美大の就活は学歴ではなくポートフォリオの出来で決まる」と

勘違いしていることです。

しかしよく考えてみてください。ただでさえ多忙を極める大手広告代理店の社員が、一人一人のポートフォリオをじっくりと吟味すると思えますか？

まずありえませんよね。

つまり一般的な総合職と同じように「書類選考」でふるいにかけているということです。ここまで説明すれば想像がつくと思いますが、はっきりと断言しておきます。

美大生の就職活動にも学歴フィルターは存在します。

「学歴」でふるい分けをしているのは、応募者の多い大手企業であればどこも同じです。**大手広告代理店、一流メーカーのプロダクトデザインの部署、有名なデザイン事務所に就職できるのは学歴の高いごく一部の人だけ**です。

以上のことからも分かる通り、美大生であっても自分の「学歴」に合った会社を選ぶのが重要です。**エントリーする前に「採用実績」を確認し、自分の学校があるかを確認**するようにしましょう。

■社歴の浅い会社・個人事務所はブラックだと思え

「就職先を選ぶ際に優先したことは？」

という質問に対して、半分以上の人がこう回答しました。

「残業がきつくない会社を選ぼうと思いました」

彼女たちのうちの一人がそう決意したのは、合同説明会で某デザイン事務所の社員が、「毎日だいたい終電まで働くことになるよ。でもどこも同じだから」と何気ない表情でそう言っているのを耳にした瞬間だったそうです。

「好きな仕事をしていれば、多少きつくても乗り越えられるよ」

小さなデザイン事務所の口説き文句です。ただでさえデザインの仕事に就くことは厳しいので、こうした甘い言葉に惑わされて入社を決めてしまう美大生が多いのが現実でしょう。現にインタビューに答えてくれた人の友人の中にもいたそうです。

しかし決して騙されてはいけません。

安月給で散々こき使われた挙げ句、使い物にならなくなったら退職に追い込む——にわかに信じられないかもしれませんが、このようなブラックな体質が蔓延していたのがこの業界の実態でした。

2019年以降は「働き方改革」の影響もあり、大企業を中心にようやく改善に向かっていますが、中小企業ではまだまだ浸透しきれていないのが現実です。

また、社歴の浅い会社や個人経営のデザイン事務所は、経営体力が弱いため、顧客や発注者の言いなりにならざるを得ません。デザインは無形商材のため「原価」が曖昧ですから、顧客から安く買い叩かれることもあります。小さな会社ほど1件の契約を逃してしまうと死活問題になりかねません。そのため割に合わない仕事も受けがちです。

社員に支払える給料が低くなるのは必然と言えましょう。

さらに無茶な要求に短納期で対応しなくてはならない場合もあります。そんな時は社員総出で徹夜、というのも日常茶飯事です。

これらのことからも分かる通り、**社歴の浅い会社や個人経営のデザイン事務所は、ブラッ**

ク企業の可能性が非常に高い、というのを覚悟しておかねばなりません。

「小さなデザイン事務所に入社した友人はどうなったのか?」と聞くと、「あまりの過酷さに体を壊してしまいました」とのこと。一方で同じデザイン会社でも大企業の系列会社に入社した人は、残業も少なく、苦労らしい苦労と言えば、上司や先輩との人間関係に頭を悩ませているくらいとのこと。前にも話しましたが、**大手企業ほど労働環境に恵まれている可能性が高い**のを忘れてはいけません。

体は資本です。どんなに好きな仕事でも体調を崩してしまったら続けられません。内定をもらえたからといって安易に入社を決めてしまうのではなく、残業や社風などを必ず確認するようにしましょう。

■自身のポテンシャルを発揮できるか否かは、あなた次第

これまでの内容をまとめると、美大生が就職先を選ぶにあたって注意すべき点は次の通りとなります。

・大学の専攻で希望職種を絞らない方がいい
・クリエイティブ職以外の職種も調べた方がいい
・社歴の浅い会社、個人経営のデザイン事務所は避けた方がいい

「職種や就職先を選ぶのに妥協したくない」

そう考えている人も少なからずいるでしょう。そのような人は自分の希望通りに就職活動をやってみてもいいと思います。

ただし就職活動は時間との勝負です。後になって「やっぱり妥協しておけばよかった」と後悔しても時間は巻き戻りません。そうなればもう手遅れです。

「就活に失敗したら大学院へ行けばいいと考えている人は多い」

という実態を、話を聞いた社員が教えてくれました。しかし大学院へ進めばその分「お金」がかかります。何らかの賞を取れば大学院の学費や奨学金の返還が免除される制度のある学校もありますが、賞を取るだけの「実力」がなくてはなりません。

大学院に進む「お金」もなければ、賞を取れる「実力」もないという人は「就職浪人」をするか、派遣などの「非正規雇用」に回るより他なくなります。

そうなれば希望の職種に就くどころか、普通に就職することすら難しくなるのは言うまでもないことです。

つまり**「お金」も「実力」もない人が職種で妥協しなければ、転落の人生を歩むことになるのは明らかです。**

おわりに

これから就職活動を頑張ろうという学生の皆さんにとっては、少し気の早い話になってしまうかもしれませんが、本著を締めくくるにあたり、どうしても伝えておきたいことがあります。

それは「幸せなビジネスライフを送りたいのであれば、理想論を妄信するのではなく、現実を知り、現実に即した選択を心がけなさい」ということです。

その典型とも言えるのが、「転職が当たり前」という風潮に流されてはいけない、ということになるでしょう。

雇用の流動化による経済全体の生産性向上と個人の賃上げ促進を、政府が推し進めようとしているのを、皆さんも知っているかもしれません。現に、厚生労働省の発表によると、令和2年度では大学新卒者のうちの就職後3年以内の離職率は31・2％。およそ3人に1人は入社後3年以内に転職しています。

　確かに入社後1年もすれば、日常のルーティン業務なら慣れてくるでしょう。先輩の助けなしにこなせるようになるかもしれません。3年もすれば毎日が同じことの繰り返しで飽きてしまう人もいます。そんな人ほど「この会社にいてもこれ以上の成長はない」と思い込み、会社を去っていくのです。

　しかしはっきり言っておきますが、たかだか3年で身につけた前職の業務スキルなぞ他の会社で通用するわけがありません。たとえ同じ業界、同じ職務内容であっても、会社によって仕事の進め方はまったく異なるからです。

　どんな業界、どんな会社でも通用するビジネスパーソンとは、ビジネスに関する広い見識を持ち、プロフェッショナルな姿勢でお客様のために行動できる実行力と、常に自分を高めるための良い習慣を身につけた人のことです。そのような人間になるためには、2年や3年では足りないことは、ビジネスの世界に飛び込む前のあなたたちにも容易に想像がつくでしょう。

　ですから、日常の業務がこなせるようになったからといって、自分は仕事ができると勘違いし、未熟なうちに転職活動にいそしんでしまうと、転職先は激務の業界か、前の会社よりも格の落ちる会社になるのは、火を見るより明らかです。前の会社よりも格上で待遇もよく、職場環境にも恵まれるなどということは、まずあり得ません。

したがって、転職後に後悔する人が後を絶たない——それが現実なのです。

世の中は理想論で溢れています。本編でも話した通りですが、若者はＳＮＳやメディアで声高に叫ばれる理想論を妄信しがちです。そんな現実を知らない若者を食い物にする企業のなんと多いことか。転職エージェントはまさにその代表例です。

転職エージェントのビジネスモデルは「成功報酬」です。

すなわち、転職希望者の採用が決まれば、紹介先企業から報酬を得ることができます。もっと言えば、転職成功のあかつきには、インセンティブが転職エージェントの社員に支給されます。よって担当する一人の若者が2回も3回も転職してくれるほど、自分の収入が増えることになるのです。だからあえて、厳しい職場環境の会社を紹介し、すぐに辞めるように仕向けるような人もいます。

多くの転職エージェントは成果至上主義であり、社員は毎日厳しいノルマに追われています。そのため、ノルマを達成するためなら自分の担当する若者の人生がどうなろうと知ったことではない、という考え方が染みついています。転職エージェントの社員が全員同じとは言えませんが、これが現実であることを、どうか覚えておいてください。

もし今お話ししたような現実を正しく知っていたならば、安易な転職をしようとはしないでしょう。だからこそ、現実から目をそらさず、現実を知る努力を続けてほしいのです。

ここ最近、「時代は変わった」という言葉をよく耳にします。確かに時代とともに、様々なテクノロジーが進化し、社会の常識や法律も変わっていきます。ビジネスパーソンは、それらの変化に合わせて、考え方や身につけるスキルを変えていかねばなりません。その変化についていかなければ淘汰されてしまうからです。

しかしいくら時代が変わろうとも、変わらないものも多く存在します。

先ほど例に挙げた「転職」で言えば、いくら転職が当たり前の世の中になったとしても、安易な転職は身を滅ぼすという現実は、この先何十年と変わらないと断言できます。

したがってみなさんには、変わっていくものと、変わらないものを見極める目を養ってほしいと思います。それこそが「現実を知るということ」に他なりません。

具体的には、新聞を毎日読む、上司や先輩社員と仕事を通じてコミュニケーションをとるなどのビジネスの良い習慣を身につけることこそが、現実を知る目を養う唯一の道です。それらの習慣は1年や2年で身につくものではありません。若いうちから職を転々としては、一生かけても身につかないどころか、目先の利益ばかりを追いかけるような不幸な人間になってしまいます。

これからの長いビジネスライフは、選択の連続です。何を選択すればよいのか、大いに悩む時もあるでしょう。それでも学生の頃のように家族や先生が決めてはくれません。全部自分一人の考えと責任のもとで選択しなくてはならないのです。それが社会人になるということです。

では、どのようにすれば選択を誤らないか――その答えは「現実に即した選択をすること」だけです。そして、選択を誤らなければ、幸せなビジネスライフが、必ずあなたを待っています。

すべての若者が自分に合った職に就き、最良な選択を心がけることで、幸せなビジネスライフを送れるように願い、締めくくりの言葉といたします。

2023年11月

井上 恒郎

［著者］
井上恒郎（いのうえ・つねろう）
株式会社あとらす二十一　代表取締役
1979年に同社を設立後、1996年に当時まだ未知数だったインターネットの可能性にいち早く着目し、Webサイトの構築事業を開始。
大手通信会社をはじめ、数々の日本を代表する大企業に対し、Webサイト立ち上げのコンサルティングや人材育成を手がけるなど、Web業界の黎明期から業界を牽引してきた。
その結果、同社の顧客は上場企業の３分の１以上に及び、名実ともにWebソリューションのリーディングカンパニーに発展させた。
「人として、プロのビジネスパーソンとして、信頼され、お客様から最も愛される企業でありたい」という経営理念を掲げ、IT業界における売上・利益至上主義とは一線を画し、浮利を追わない経営姿勢を貫いている。
著書に『あなたのビジネスライフは入社３年で決まる』『理想で部下は育たない』（共にダイヤモンド社）がある。

失敗しない就職活動
──あなたに合った就職先の見つけ方を教えます。

2023年11月7日　第１刷発行

著　者──井上恒郎
発行所──ダイヤモンド社
〒150-8409　東京都渋谷区神宮前6-12-17
https://www.diamond.co.jp/
電話／03-5778-7235（編集）　03-5778-7240（販売）
装丁・本文デザイン──ジュリアーノ・ナカニシ（有限会社エクサピーコ）
DTP───明昌堂
校正────鷗来堂
製作進行──ダイヤモンド・グラフィック社
印刷────加藤文明社
製本────本間製本
編集担当──加藤貴恵

©2023 Tsunero Inoue
ISBN 978-4-478-11850-4
落丁・乱丁本はお手数ですが小社営業局宛にお送りください。送料小社負担にてお取替えいたします。但し、古書店で購入されたものについてはお取替えできません。
無断転載・複製を禁ず
Printed in Japan
※本書は2021年発行の『失敗しない就職活動』に加筆・修正したものです。

◆ダイヤモンド社の本◆

成功の秘訣は ビジネスの基本動作の習慣化！

プロのビジネスパーソンとして、信頼され、愛される人間になるには、入社3年以内に良い習慣を身につけることが大切。この時期はもっとも吸収力が高く、悪い習慣を身につけてしまうと直すことが困難になるからだ。本著では入社3年以内に身につけるべき習慣や、失敗しないビジネスライフを送るために必要な視点を解説する。

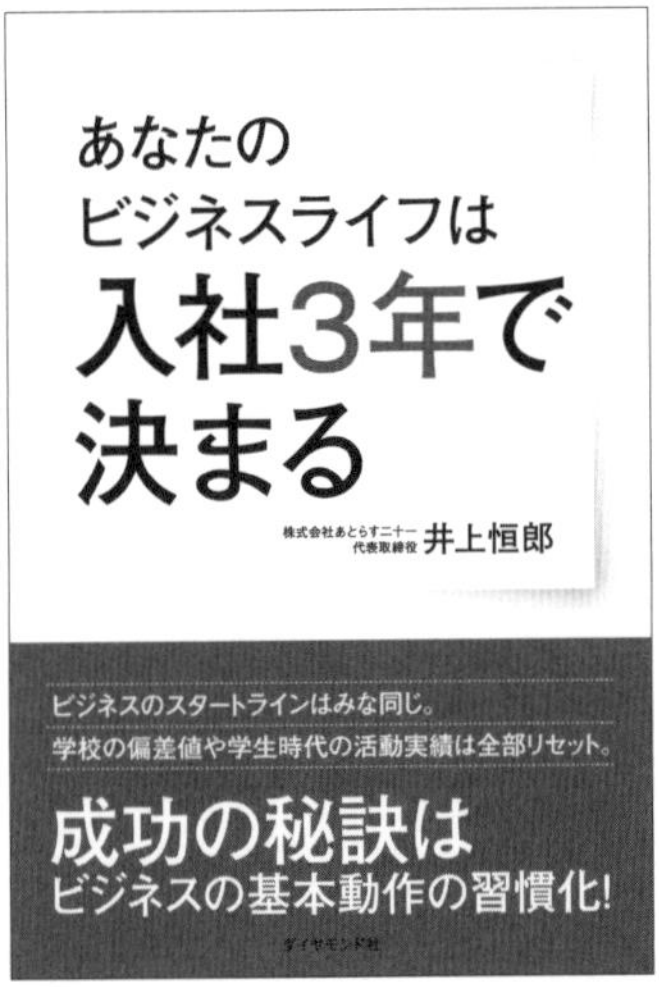

あなたのビジネスライフは入社３年で決まる

井上 恒郎［著］

四六判並製　定価（本体1500円＋税）

http://www.diamond.co.jp/